中國學術思想 研究輯刊

十二編

林慶彰 主編

第14冊

原氣

莊耀郎 著

花木蘭文化出版社

國家圖書館出版品預行編目資料

原氣／莊耀郎 著—初版—新北市：花木蘭文化出版社，
2011〔民100〕
目 4+150 面；19×26 公分
（中國學術思想研究輯刊 十二編；第 14 冊）
ISBN：978-986-254-542-3（精裝）
1. 氣 2. 論述分析
030.8 100005221

ISBN-978-986-254-542-3

中國學術思想研究輯刊
十二編 第十四冊 ISBN：978-986-254-542-3

原 氣

作 者 莊耀郎
主 編 林慶彰
總 編 輯 杜潔祥
出 版 花木蘭文化出版社
發 行 所 花木蘭文化出版社
發 行 人 高小娟
聯絡地址 新北市永和區中正路五九五號七樓
電話：02-2923-1455／傳眞：02-2923-1452
網 址 http://www.huamulan.tw 信箱 sut81518@gmail.com
印 刷 普羅文化出版廣告事業
封面設計 劉開工作室
初 版 2011 年 9 月
定 價 十二編 55 冊（精裝）新台幣 90,000 元

原 氣

莊耀郎　著

作者簡介

莊耀郎，台灣省苗栗縣人。台灣師範大學國文研究所文學博士。曾任小學、中學教師，台灣師大國文系助教、講師、副教授、教授等職務，現任世新大學中文系教授。專研領域在於魏晉玄學、老莊哲學、中國哲學史、中國美學與書法。撰有《原氣》、《王弼玄學》、《郭象玄學》等專著，及相關論文三十餘篇。

提　　要

　　《原氣》一文乃以觀念史的方式處理「氣」此一概念在先秦至六朝階段的涵義之發生、流衍及轉變，並討論它呈現在道德性、自然性、知識性與藝術性四大領域中所逐漸積澱而凝固的過程與現象。

　　氣的存在有其必然性，大凡人類歷史文化的活動，文明的創造，都要落實在氣來實現它。歷來論氣的進路有二：一為逆氣，一為順氣。逆氣者，乃在氣上冒出一德性之主宰，用以安定吾人的生命，貞定人生的方向，和價值理想的實踐，無論「德性」的內容歸屬於儒家的仁義禮智，或屬於道家的無為自然，都可說是此一進路的討論。順氣者，乃順著氣所涵之豐盈的內容，展開生命特殊性的一面，凡事功的建立，文學藝術的創造，而展現出生命的強度，成就文化的多元面貌，如《人物志》所揭示的才性名理，文學藝術的運用，都屬於此一進路。至於就著自然生命的保生、養生而展開的醫學理論，以及就客觀自然界氣的流行現象的探究，雖屬於知識義，也都將它歸在順氣的進路下討論。

　　本文所涉及的層面廣泛，時代久遠，典籍繁多，是針對氣的概念發展作系統整理的一本論文，對於氣所涉及四大領域中相關的概念的義蘊、源流和發展，都給予條理的說明。

原氣

目

次

前　言

　　氣一概念，不僅廣泛應用於日常生活，例如：人之處事宜平心靜氣，切
勿逞一時意氣；人生當有志氣，生活應充滿朝氣、生氣；今日之中國人誠應
爭氣，更待來日揚眉吐氣等；且在思想史上，因重視生命主體之固有傳統，
氣於是更具有其特殊之份位，例如：自《孟子》論浩然之氣以下，《莊子》外
篇言通天下一氣，《管子‧內業》有化生之氣，兩漢則瀰漫創生宇宙之氣，魏
晉更清談才氣，至於朱熹將理、氣對舉等，不僅說明其受重視之程度，抑且
揭示其繁富之義蘊，率可由上舉之例見其一斑。因此，誠宜作專門之研究，
討論其義涵。而歷來學者，或就一家思想之闡發，或就某一專題之研究，間
或亦有論及氣者，至於對氣作專題之論述，則尟無其人。近年日本東京大學
以集體研究方式完成《氣の思想》一書，其資料蒐羅之富，涵蓋面之廣大，
研究之熱忱，誠令吾人汗顏。然畢竟非國人著述，對傳統思想之了解自不免
有隔，於時代之分際與對各家精神能否有眞切之把握，其中或有可議之處。
且屬於集體之作，人各一篇，前後未能相通，彼此意見分歧，重出複沓者，
亦非鮮見。是以亟思有汰蕪貫通之作，復得戴師璉璋啓迪，乃興撰述斯篇之
志。因所涉時代過長，個人能力有限，故先就氣之首出觀念作一探原工作，
爰以「原氣」名篇。

　　學術研究，本就資料之客觀層面作理性之思考，並予以整理與詮釋，本
文之撰述亦然。故先蒐集資料、翻檢典籍，鈔錄文獻，抽繹其共同概念，此
共同概念既不能有悖於原文章句之解釋，亦不能乖離各家思想之宗旨；更應
符合觀念發展之歷史客觀性要求，不容有一絲之殽亂。撰述之先，實經過全
面省察各家思想，精密抽繹、解釋及處理資料之反復手續，始將氣之各觀念

群歸納爲道德、自然、知識、藝術四大類型論述。其中分類，雖不乏主觀之抉擇，然亦自有思想發展之客觀理據。雖然，猶有若干處需作說明：

一、本文基於觀念史之撰述意識，論述方式則以類型區分，非縱貫方式之陳述。就概念內容發展之脈絡言，自亦參差交錯其間，隨時可見；就史之要求言，其脈絡則不免隱晦。因此，在結論中復以各書之時代先後序列，用資互補。

二、本文對各家之論述有詳略不同者，蓋因應資料之客觀性，與義蘊之豐富與否而定。非敢有所偏頗，至於其描述多而理論分析建構少者，誠以作者資質學力之限制故也。

三、本文既以「原」爲名，而未將氣化宇宙論列爲專篇討論者，一在於氣之化生觀念首出於管子，且淮南子之氣化宇宙論思想已附於其後論述。二在於氣化宇宙論之終極底蘊，誠於科學史之意義多，而哲學之趣味少故也。

四、氣之藝術性論述，繪畫、書法皆爲大宗，雖與人物品鑒、文學理論有相通之處，而其獨特之處，各具之義涵猶不免忽略，此有俟來日者也。

本文之作，義小而事繁，撰述期間，幸蒙戴師璉璋啓悟懵懂，開示津筏，然以才質之限，猶未自渡也。兢兢業業，矻矻於茲者，非敢一躍，願效十駕而已，裁成之功，又豈止於銘感。蒐集資料期間復蒙國立中央圖書館日韓文室鄭樑生博士鼎力相助，謹此一併致謝。斯文粗創，罅陋難免，尚祈博雅君子、海內方家不吝賜正。

莊耀郎　謹識於國立臺灣師範大學國文研究所

第一章　導　論

　　本文撰述主旨乃在於探究思想史上「氣」一概念之起源，及其在道德性、自然性、知識性與藝術性四大類型之論述。有鑒於氣一概念之起源非一，有屬於宇宙之「自然之氣」，有屬於人身之「生命之氣」，二者又時有交涉，於是眾義蠭出，各有所指，莫知究竟。本文乃承傳統思想重生命之特質，以生命之氣作爲論述之主題，兼論及自然之氣。氣在各方面之意義出現時代不一，上至戰國，下逮魏晉六朝，歷時既久，所涉資料繁多，復以古人向未有以氣爲討論主題之專著，遂難見其清晰之脈絡，故本文嘗試就早期各家思想中有關氣之論述，將具有共同旨趣者歸納爲一類，進而探討其義涵，此爲本文之撰述方式，茲爲顯豁研究之旨趣，先作下列三點說明：

　　一、本文撰述之價值。
　　二、本文撰述之困難。
　　三、本文研究之態度、方法與論述程序。

第一節　本文撰述之價值

　　歷代思想之主流，莫不重視自我生命之主體性，以如何安頓生命，下學上達爲其主要課題。主體之自覺與生命之開展，首先必正視氣之存在，故氣一概念在思想史上自有其重要性。

　　首先，就其存在層次而言，氣爲形而下且有限之存在，人類歷史文化之一切理想、文明之建立及人格之完成，必通過氣而創造。且氣不可輕言取銷，取銷氣，即否定自然生命，則上述人類之一切活動皆將落空。人如此，宇宙

萬物亦莫不然。是以氣之存在有其必然性。〔註1〕

　　其次，就下學上達之進路而言，有取道德實踐，完成圓滿之德性人格爲終極關懷者，此德性自覺蓋首出於吾國思想史，自孔、孟以下至於宋明儒，一脈相傳，皆以道德爲心志，以志帥氣，藉以完成其理想人格，此爲逆氣之進路〔註2〕。另有順承人生而即有之氣性，開發人之材質潛能，以成就其事功及精神境界者。徵諸歷史上，老、莊所揭示之人生境界、天才之穎悟、英雄豪傑之豐功偉業與歷代之藝術創作，無非盡氣之性，藉以展現生命之強度，此爲順氣之進路。

　　氣既爲生命之實然，爲洞徹生命底蘊之重要一環，在思想史上，又嘗發生一定之影響，歷代之思想家，亦無不在發掘其義蘊，至南宋朱熹且理、氣對舉，用以討論萬物之生成，窮盡生命之奧秘，其重要性亦於此可見一斑。

　　除就人生命言氣外，凡自然界流行之現象，古代亦名之曰氣，《左傳》所云陰陽風雨晦明六氣可視作代表。《管子・內業》言化生之氣，至《淮南子》並以氣爲道之內容，創生萬物之元氣，形成氣化宇宙論之思想，終兩漢之世，其影響甚鉅。

　　上述關心生命之內容及對宇宙流行現象之解釋，幾爲涵蓋傳統論氣之兩端，本文亦欲經由此二端之討論，期能令氣之義蘊更清晰，故本文之研究價值，亦建立於此。

第二節　本文撰述之困難

　　本文之撰述有雙重困難：一爲主觀條件之困難，一爲客觀資料之困難。前者所指爲研究者之學識限制，以今日學術研究益趨專精之情況觀之，求諸任何研究者，恐皆難以對本文論述之四大主題兼備精深之造詣，作爲本題研究之基礎。復以生命之學問，本爲實踐體證之存在進路；精神之境界，必實際參與修養：內景返觀，氣之運行，必爲相應之工夫歷程，上述種種，若非親身經歷，僅據客觀資料論述，是否即能作同情、相應之把握，誠不能無疑。

〔註1〕《中國哲學十九講》，牟宗三著，學生書局，第一講，頁7「照朱子的說法，感性是屬於氣，是形而下的；但形而下的氣並不是可有可無，可以隨便拿掉的。不單是人，就是整個世界也離不開這個成分，這個成分是非有不可的，如果把這個成分拿掉，那就沒有世界了。所以它有必然性。」

〔註2〕成德之學，唯在逆覺，故云「逆氣」。下文言順氣，即順生命上先天者，定然者，屬於材質方面，其說見本文第六章人物品鑒部份。

故本文於論述若有大而未當者，作者應負全責。而眞正之困難乃在於客觀資料問題不易獲得解決，茲將資料運用之難處分爲兩項說明：

第一：氣之一詞，具有多義；氣之實義，往往又有多名。故氣有多義、多名、多態之事實〔註3〕。就思想史研究而言，爲之作一番整理與釐清之工夫，誠有必要，而實際上卻難以徹底。

第二：氣雖爲思想史重要概念之一，歷代思想家亦分別有不同程度之論述，然氣並非如「道」之在各家學說中居於思想中心位置，容易掌握其義旨。氣之意義常因各家學說之不同而賦予新義，以致其發展脈絡隱晦不明。此其一。本文之撰述爲探原性質，資料多取自先秦，先秦典籍迭經禁燬，今所能見者率多經漢人編纂或寫定，其眞實性如何？恐永難明白。《淮南子》以下之論氣者，無不受其觀念之影響，唯程度大小不等而已，出土之資料雖具眞實性，亦止於補助之功，難窺全貌，故對於先秦典籍資料之論述，其正確性如何？誠難明其究竟。此其二。後代之註疏家詮釋先秦典籍，難免囿於時代之學術風氣與思想環境，且屬入主觀之見，此類注釋往往爲後人據以了解前代思想之橋樑，若於此處不能明辨，則入於上述之陷阱而不自知。此一趨勢，有關氣之論述，尤以注釋道家諸子者情況最烈。復以古人著述向無嚴格定義之習慣，今日從事研究工作者，勢必通過漢人整理之典籍與後代注疏家之詮釋，對氣義之探原而言，誠困難重重，稍一不審愼，即無法作清明之判斷，而有背離學術研究客觀眞實要求之危險。資料之客觀條件既付諸闕如，研究之困難亦從而可知。此其三也。上述爲現實存在之諸多困難，非敢危言聳聽，誠欲正視研究之困境，謀一可行之對策，茲舉例說明如下：例如：

《易經》卦爻辭並無氣字，自《易傳》以下討論《易經》，莫不與氣有關連，若不作一番探原工作，將資料予以應有之定位，如此，則《易經》思想發展之脈絡，必因而混淆不清。若意在私人著述、成一家之言或可以無妨，苟用於思想史之陳述則失其客觀性。

《老子》四十二章之詮釋，自《莊子》外篇以下，皆失其本意，多以氣作爲老子宇宙論之主要內容〔註4〕，遂認定《老子》爲氣化宇宙論之濫觴，其論「無」「有」「玄」之義旨反而不彰。

〔註3〕 《張子氣運哲學管窺》，徐哲萍撰，文化大學三研所博士論文，民國 63 年 5 月，第一章，頁 1。

〔註4〕 《宋刊河上公注老子道德經》，《無求備齋老子集成》初編，藝文印書館，老下，道化第 42，詳論見本文第四章第二節，老子氣義部份。

今所見《莊子》成書定本已晚，內容更爲不純，歷來讀莊者多疑之〔註5〕。由本文撰述之觀點審察，亦可發現內七篇與外、雜篇之論述，迥然不同。

上舉諸例僅爲大端，若面對上述問題，不能作理性之思考，下一番廓清之工夫，則寫作一客觀之「氣之觀念發展史」必不可能。

若欲解決上述之困難，必有賴考據工夫。本文中心工作既不在此，而資料之徵實又不可廢，故僅能就前人徵信之成果，抉其一說，作爲討論之依據，或直接把握原典。然而，容可追問者，前述之困難是否因此皆已解決？各家之考據，常聚訟紛紜，結論不一，愈爭愈疑，莫衷一是，誰是誰非，誠難斷定。然則，何以捨彼而就此？所據爲何？先秦典籍，率多言簡義深，故其旨義或玄深而難測，直就原典是否即能得其玄珠，足以把握客觀之依據？仍猶有可疑。上述諸疑難處，殊未易作答，本文之撰述，又勢必面臨上述之困境，故謹將本文研究之方法略陳於後。

第三節　本文研究之態度、方法與論述程序

基於前述之反省，一本學術忠誠之原則，本文之研究態度與方法乃作如下之說明：

以現存典籍作爲研究起點，尤其於先秦著述一概信守，非有確鑿鐵證，不輕疑之。要在言之有據，避免紛紜渙散而失其旨歸。本文徵引諸家注疏詮釋，以得義爲主，惟取其合乎原典真義者用之，無分古今，不樹權威，無拘漢宋，不立門戶。故偶有新說，非敢標新立異，作驚人之鳴；雖沿舊注，亦非墨守因襲、食古不化，旨在得其真實而已。至於行文表意，冗長短截，非敢刻意雕飾或隨意揮灑，要求傳述精當清晰而已。

因之，本文之研究方法，必求符於現實之用，敢於變通。基本上，本文採取觀念史之型態〔註6〕。氣僅爲一單位概念，必與其所伴隨之一群概念，分

〔註5〕《莊子》書自北宋蘇東坡起，其書篇章之真實性迭有爭論。說見《僞書通考》，鼎文書局，頁 838～855。黃師錦鋐《新譯莊子讀本》，三民書局，頁 9，〈莊子書的考證〉。

〔註6〕《史學方法論叢》，黃俊傑編，學生書局，頁 222。黃俊傑譯「關於觀念史的若干解釋」「這些做法不可以和對這個字的嚴謹意義作字彙學或字源學上的研究混爲一談。其著作的極致就是思想史與字彙史的巧妙結合。他的組織原則在於他對觀念的「概念域」（"Comceptual field"）的構念——這是某些特殊而意義有點相近的字群之含義可以合而爲一的廣袤區域。

別釐清其關係，方能凸顯其原有之義蘊，故本文多採一組一組概念論述方式，如精氣神、陰陽、鬼神、情性、材質等，作用即在此。而且，在討論各家之氣義時，不能將氣孤立於各家思想之外，必置於各家終極義旨範圍之下論述，故常與心、性、道、命、自然等相連，庶免於見樹不見林之譏。本文雖本於史之撰述意識，卻非逕採縱貫一脈方式陳述，乃基於「氣」一概念在先哲開發生命內涵所展現之四大類型作為中心論題，自成系統論述。如此規定，雖不無主觀之嫌，且先哲生命智慧亦遠非四者所能盡涵，然亦基於思想史全面審察、歸納所得，有淵遠流長之脈絡可尋，自有其客觀性，非敢專憑一己之獨斷。各家論述氣常諸義並陳，錯綜複雜，若一一具述，必冗長複沓，為免於累贅，乃逕取其獨具面目者論述之，至於餘者則互見於各章，並於文中說明之。

　　本文之論述程序，可分為兩大階段。首先在詞義上作一番探原工夫，究明其意義之起源，與原始概念之涵義，此點在第二章討論。其次依序論述四大類型之氣義，分別在三、四、五、六章討論。並在討論之先，將各類題旨以該章論述之範圍予以規定，故各章題義之界定，乃基於該章而設，不採一般性廣泛之解釋，並略述成立之背景，以資瞭解歷史發展之依據，始晉入本題。在各小節前亦作簡要之說明，其作用亦如上述。

第二章　氣之原始概念

　　人類智慧之開發，自文化演進之軌跡觀之，率爲由粗而漸於精，觀念亦由含混以至於清晰，徵諸歷史，此誠爲確鑿不移之事實。古之人喜託古立言，且於某類觀念往往擅加引申發揮，後世苟不察焉，遂爲混淆思想史發展之脈絡，甚者或誤以爲後世思想發展停滯，民族靈慧遲鈍。若能將各時代之材料適當定位，釐清託古之疑雲，則不難把握思想發展之軌轍。本文之所以首先討論「氣」之原始概念，用意在此。

第一節　甲、金文中「氣」之相關字

　　今所見最古之文字資料，爲地下出土，屬於殷商時期之甲骨文。若將甲骨文、後出之金文與古籍所載有關「氣」之資料作一比勘，即可發現其間頗有差距，字形既有所不同，字義亦不相連類。今概說如后。

　　甲骨文中至今未發現有「氣」字，而只有「气」字。許慎《說文解字》云：

　　　　氣，饋客之芻米也，从米气聲。《春秋傳》曰：「齊人來氣諸侯。」
　　　　〔註1〕

段注云：

　　　　今字叚借爲雲氣字。〔註2〕

據此知「氣」之雲氣義非其本義。而雲氣義當另有本字。依《說文》，雲氣義

〔註1〕 《說文解字注》，蘭臺書局，經韵樓藏版。本文所用《說文》以此爲準，以下
　　　　皆同。7篇上，頁336。
〔註2〕 同註1。

之本字當作「气」。說文云：

> 气，雲气也，象形，凡气之屬皆从气。〔註3〕

段注：「气、氣古今字，自以氣爲雲气字，乃又作䊠〔註4〕。爲廩氣字矣，气本雲气，引申爲凡气之稱。」又注：「借爲气假於人之气，又省作乞。」〔註5〕段氏據許書以「雲氣」爲「气」之本義；以「乞求」爲「气」之假借義。然徵諸今所見甲骨、早期金文資料而言，「气」但有「乞求」義，並無「雲气」義。

　　今所見甲骨文有「𠤎」字，諸家之隸定釋義，聚訟紛紜。于省吾獨出眾議，將「𠤎」釋爲「乞」「迄」「訖」三義，其說最備。于氏云：

> 卜辭𠤎既爲气，其用法有三：一爲气求之气。一爲迄至之迄。一讀爲終止之訖。迄、訖《經》傳每互作無別。《爾雅·釋詁》：「迄，至也。」《詩·生民》：「以迄於今。」傳：「迄，至也。」《書·禹貢》：「聲教教訖于四海」言聲教至於四海也。《爾雅·釋詁》「訖，止也。」止與終同訓止，與至義相因。迄、訖古并省作乞。〔註6〕

于氏之例用作「乞求」義者：

> 庚申卜，今日气雨。（《殷契粹編》七七一）

> 庚戌卜曳貞，王气正汚新𦥑允正。（《殷虛卜辭後編》下十二、二）

> 戊午卜曳貞，然令伐呂受业又。（《戩壽堂所藏殷虛文字》十二、九）

用作「迄至」義者：

> 王固曰业有祟其业來娵鬵气至五日丁酉允业來妨北。（《殷虛書契菁華》一）

> 甲辰卜亘貞，今三月光乎來王固曰其乎來气至隹乙旬业二日乙卯允业來自光。（《卜辭通纂別錄》二、三）

> 壬戌卜曳貞，气今擊田于先侯十月。（《殷虛書契前編》二、二八二）

用作「終訖」義者：

> 之日气业來嬉。（《殷虛書契前編》七、三一、三）

〔註3〕　《說文解字注》，1上，頁20。
〔註4〕　同註1䊠字下：氣或从食。段注：「按从食而氣爲聲，蓋晚出俗字，在段氣爲气之後」。
〔註5〕　同註3。
〔註6〕　《雙劍記殷契駢枝》，于省吾撰，藝文印書館，頁55～58。

佳我气有不若。(《殷虛卜辭》二三二二)

丙戌，弱佳我气出不若。(《殷虛卜辭》二三二四)

于氏並謂：

> 气字初文作三，降及周代，以其與上下合文及紀數三字易混，上畫彎曲作亖，又上下畫均曲作气，以資識別。在金文、古玉銘、古陶文、古鉨文中雖上下畫有彎曲之分，然橫畫皆平，中畫皆短，其壇演之迹固相銜也。气訓气求、迄至、訖終於文義於詞例無不相符。
>
> 〔註7〕

若據于氏之結論，以文法剖析其詞性，則甲骨文所見气字之三義，皆用作動詞或副詞，而與後世之名詞性不相侔〔註8〕。據于氏所釋，甲骨文「气」有「气求」一義，則許慎《說文解字》釋「氣」之本義即可昭然。「乞求」與「饋客之芻米」之「饋」乃相對之義，以此輒可推知「氣」之為形聲字，及其聲符兼意之由來矣。果如上述，則就「雲氣」一義求諸甲骨文，依資料所顯示者及眾家之說辭，尚無可據以訓為「雲气」義者。

甲骨文資料既如上述，春秋以前金文資料亦顯示气義上承於甲骨文，仍不作「雲气」解〔註9〕，徐中舒《金文嘏辭釋例》云：

> 金文气，用與旂、匃同，惟兩見：用鑄爾羞銅，用御天子之吏（使）洹子孟姜用气嘉命，用旂眉壽萬年無疆，用御爾吏（使）——洹子孟姜壺。上郜黽公諴作尊鼎，用追孝于皇祖考，用气眉壽萬年無疆。
>
> ——黽公諴鼎。洹子孟姜壺气旂對文，气亦求也。〔註10〕

徐氏所云惟兩見，固為不確，然其釋气之義當屬可信。除上述二器外，尚有春秋中期之〈齊侯壺〉〔註11〕，有甲乙二器，甲器書有「用气嘉命」，乙器亦有「用气嘉命」，二气字形雖略異，可視為甲骨文衍進至篆文過渡之中間字形，而其義亦承甲骨文「乞求」而來。〔註12〕

除上述器銘外，戰國晚期尚出現〈劍珌〉銘，銘文中之「氣」諸家隸定

〔註7〕同註6。

〔註8〕《氣の思想》，小野沢精一、福永光司、山井湧編，東京大學出版會學術書刊行基金印行，頁15。

〔註9〕同註8，頁16，對此問題討論甚詳，雖說法不一，然不作「雲气」解釋之看法則一致。

〔註10〕《金文嘏辭釋例》，徐中舒，《歷史語言研究所集刊》，第六本第一分，頁8。

〔註11〕《三代吉金文存》，羅振玉編，文華出版公司，卷十二，頁33〜35。

〔註12〕同註9，頁16。

為「氣」字，殆無庸置疑〔註13〕。金文至此時方出現有「雲气」義之字。此外，民國三十九年九月出土之楚繒書亦載有「𣲷」「𣲷」，皆屬「氣」之異體字〔註14〕。另有「炁」亦屬之〔註15〕。唯早於二者之文獻資料中已大量出現「氣」字，並且形成完足之理論，此點當於下文討論之。

　　甲文及早期金文中雖未發現後世通行之「氣」字，然與氣有密切關係之風、雨、雲等字，皆已出現於甲文，部份亦出現於金文。蓋由於甲、金文時代，恰為農業奠基之時期〔註16〕。先民既倚農維生，則作物之生長，土地之耕作與自然界之風、雨、雲等自有其不可分之關係。吾人若將甲、金文中「風」「雨」「雲」諸字作一考察，或可由此探知先民對於「氣」之自然觀及其所蘊日後發展之端緒：《說文解字》：

> 「气：雲气也，象形。」

> 「雲：山川氣也，从雨云，象回轉之形。」

段注：「天降時雨，山川出雲。」

> 「云：古文省雨。𩁹亦古文雲。」

段注：「二蓋上字，象自下回輸而上也。」〔註17〕

> 「雨：水从雲下也。」〔註18〕

據此可知：𩁹象山川气昇之形，二乃指其位置在上。《說文解字》釋「山」字亦曰能宣散气。凡此類自然界之現象，古人經由觀察可得「山川之水气蒸發，上昇為雲气，而雨又从雲降」之客觀事實。是以气、雨、雲三者，誠一气之循環現象而已。甲文中記載「雨」、「雲」字頗多，茲各舉二例以證：

> 「翌庚寅不降其雨乎」（《殷虛文字乙編》五三一七）

> 「今自庚子自甲辰，帝令降雨乎」（《殷虛文字丙編》三八一）

> 「己丑卜爭貞，亦使雀燎豕於雲」（殷虛文字乙編五三一七）

> 「貞燎帝雲」（《殷虛書契續編》二、四、一一）

金文中今所見資料尚無「風」「雲」字。即「雨」字亦僅見於〈子雨己鼎〉、〈亞

〔註13〕同註2，卷二十，頁49，《學原》第二卷第三期，頁46～52。王季星「行，劍珌銘文考釋」陳夢家、郭沫若二氏，均隸定為氣。

〔註14〕《先秦楚文字研究》，許學仁，師大國文研究所碩士論文，頁18。

〔註15〕《周禮》，十三經注疏本，頁382，春官眡祲科，鄭玄注煇：「日光炁也。」

〔註16〕《中國古代社會》，李亞農著，頁43。

〔註17〕《說文解字注》，卷十一下，頁16，雲字。

〔註18〕《說文解字注》，卷十一下，頁9，雨字。

子雨鼎〉及〈子雨卣〉，乃作爲人名，而非記載自然現象之雨。蓋以出土之鐘鼎彝器，率多爲禮器、食器，其用於祭祀、賞賜、紀功及飲食爲多，甚少涉及自然現象故也。

　　風爲自然現象之一，與气之關係，宜自雨、雲處聯想，輒易於把握，先民必有見於風起雲湧，時雨普降，萬物欣欣然發作之現象，故《左傳》昭公元年「六氣曰：陰陽風雨晦明也」，《莊子‧齊物論》云「大塊噫氣，其名爲風。」《左傳》已將風列爲「六氣」之一，《莊子》之語固有文學比喻之性質，然就客觀現象而論，又何嘗不若是，《莊子》特爲擬人之文耳。甲骨文中不見有「風」字，多假借「鳳」字以代之〔註19〕。舉例如下：

　　　　口王步口大𩿅𩿅。（《殷虛卜辭後編》下三、三、六）

　　　　大𩿅𩿅。（《殷虛書契菁華》五、三）

除此之外，甲骨卜辭已將風區分爲四方之風，出現於龜甲者有：（《殷虛文字丙編》，插圖七）

　　　　貞，帝東方曰析，風曰劦，𢆷年乎。

　　　　辛亥卜內貞，袖南方曰長，（風）曰夷，𢆷年乎。一月。

　　　　貞，袖西方曰彞，風曰丰，𢆷（年）乎。

　　　　辛亥卜內貞，袖北方（曰口，風）曰㱿，𢆷年乎。

記載於牛胛骨之例有：（《戰後京津新獲甲骨集》，五二〇）

　　　　東方曰析，風曰㫊𡿧。

　　　　南方曰𡿧，風曰長。

　　　　（西）方曰彞，風曰彝。

　　　　（北方曰口）風曰㱿。

上述甲、骨資料所記風名容或小異，其區分爲四方之風，則爲一致。此二例固與當時祭祀有關，亦顯示殷商之時，先民已注意風之來處，與季節寒暑必有密切之關係，與後來之六氣說，將陰陽（引申爲寒煖）與風並列者，不無關連。

────────────

〔註19〕《殷虛書契考釋》（增訂本）卷中，頁312，王國維云：「卜辭屢云『其遘大鳳』即其遘大風；《周禮‧大宗伯》風師作𩁹師，从𩁹，而卜辭作鳳，二字相似。」羅振玉云：「予案：此說是也，考卜辭中諸鳳字誼均爲風，古金文不見風字，《周禮》之𩁹乃卜辭中鳳字之傳譌，蓋譌𠂤爲𠂤，譌凡爲風耳，據此知古者假鳳爲風矣。」

第二節　古籍中之「氣」及其相關字

一、《易》、《書》、《詩》

　　《易》、《書》、《詩》爲今存古籍中時代較早之經典，然三書皆未見用「气」或「氣」字。今所知《易》之〈繫辭〉成於西周初年；《書》之〈周書〉自〈大誥〉以下迄於〈顧命〉皆西周作品；《詩》大抵爲西周至春秋中葉所作，其中或道及後來與氣有密切相關之陰陽者，皆非後來所指創生之氣，乃就日光之照射，山水之向南得日或背日現象而說陰陽，此爲陰陽之本義，與後世所稱之「陰陽」迥然有別。爲具體指稱自然界之現象，並不含後來哲學上宇宙論之意義。〔註20〕

　　《易》、《書》、《詩》三者與甲骨文及早期金文之未發現「氣」字不謀而合，其所反映之事實，當是：西周以前，先民尚未形成「氣」之觀念。除《書》而外，《易》、《詩》二經皆有氣之相關字。《易》之卦爻辭未見風字，雨、雲則數見，茲列於后：

> 小畜亨，密雲不雨，自我西郊。（〈小畜〉第九卦辭）
>
> 既雨既處，尚德載，婦貞厲，月幾望，君子征凶。（〈小畜〉上九爻辭）
>
> 匪寇婚媾，往遇雨則吉。（〈睽〉上九爻辭）
>
> 壯于頄，凶，君子夬夬獨行，遇雨若濡。有慍，无咎。（〈夬〉九三爻辭）
>
> 鼎耳革，其行塞，雉膏不食，方雨虧悔，終吉。（〈鼎〉九三爻辭）
>
> 密雲不雨，自我西郊，公弋取彼在穴。（〈小過〉六五爻辭）

至於《詩》則大量出現風、雨、雲三字。茲列數例以證：〔註21〕

> 風雨淒淒……風雨瀟瀟……風雨如晦。（〈鄭風〉風雨三章）
>
> 風雨所漂搖。（〈風・鴟鴞〉第四章）
>
> 風雨攸除。（〈小雅・斯干〉第三章）
>
> 維風及雨。（〈小雅・谷風〉第一章）

〔註20〕〈陰陽五行說之來歷〉，梁啓超，《東方雜誌》卷二十，十號，頁64～71。

〔註21〕筆者據索引統計，《易》卦爻辭無風字，雨、雲二字已盡列於上文中。《詩》則多見，雨字凡三十五見，風字凡三十八見，雲字凡十一見。

　　倬彼雲漢。（〈大雅‧棫樸〉第四章又〈雲漢〉首章）

　　祁祁如雲。（〈大雅‧韓奕第〉四章）

　　有女如雲。（〈鄭風‧出其東門〉首章）

《詩》所載風、雨字或獨用、或連用，仍用爲記述自然現象，唯雲字則多已借爲形容詞之用。

　　《易》有「元」字，後世有「元爲氣之始」一說，見於《九家易注》。今考《易》卦爻辭，元字皆訓「大」義。〈象傳〉爲後出者，其成書不早於戰國初年，而《九家易注》更已晚至漢初，頗受戰國末年、秦漢之際學術風氣影響，其於經文原義已有出入，由此可推而知。

　　由上述《易》卦爻辭所載「密雲不雨」及《詩經》「風雨瀟瀟」審視之，較諸甲文風、雨、雲單獨出現之情形又有不同。先民經長期生活體驗、觀察所得，已確認雲、雨、風三者有不可分之關係，同爲自然流行之三種各殊現象，實隱含此三者統一概念形成之可能。雖然，此期之文獻資料尚未出現「氣」字，然而「氣」一概念由上述「風雨雲一統」衍生而出之可能，已露其端倪。

二、《左傳》、《國語》

　　《左傳》、《國語》在時代上爲僅次於《易》、《書》、《詩》之古籍，雖嘗經後人編纂，其文辭亦恐難免有後人潤飾或加添之情事〔註 22〕，然其所記載者大抵可信爲春秋時代之史實。《國語》所記事大體與《左傳》同，成書年代亦約略相當〔註 23〕。今考二書論及「氣」之涵義亦多雷同，可大別爲血氣、勇氣、聲氣、六氣。茲將相關資料臚列於下：

（一）血　氣

　　今乘異產以從戎事，及懼而變，將與人易，亂氣狡憤，陰血周作，張脈僨興，外彊中乾，進退不得，周旋不能，君必悔之。（《左》僖十五年）

　　瘠則甚矣，而血氣未動。（《左》襄二十一年）

　　君子有四時，朝以聽政，晝以訪問，夕以脩令，夜以安身，於是乎

〔註 22〕《先秦文史資料考辨》，屈萬里，聯經出版，頁 365～370。

〔註 23〕同註 22，頁 400～402。

節宣其氣，勿使有所壅閉湫底以露其體，茲心不爽而昏亂百度，今無乃壹之，則生疾矣。(《左》昭元年)

味以行氣，氣以實志。(《左》昭九年)

讓，德之主也，謂懿德。凡有血氣，必有爭心，故利不可強，思義爲愈。(《左》昭十年)

不道、不共、不昭、不從，無守氣矣。(《左》昭十一年)

若血氣強固，將壽寵得沒。(《國語・魯語上》)

嘉生不降，無物以享，災禍荐臻，莫盡其氣。(《國語・楚語》韋昭注：氣，壽命之氣也。)

夫戎狄冒沒輕儳，貪而不讓，其血氣不治，若禽獸焉。(《國語・周語中》)

「五味實氣」(《國語・周語中》　韋昭注：味以實氣，氣以行志。)

(二) 勇　氣

既克，公問其故，對曰：「夫戰，勇氣也。一鼓作氣，再而衰，三而竭。」(《左》莊十年)

三軍以利用也，金鼓以聲氣也。利而用之，阻隘可也。聲盛致志，鼓儳可也。(《左》僖二十二年)

虎曰：「盡客氣也。」(《左》定八年)

(三) 聲　氣

聲氣可樂，動作有文，言語有章，以臨其下，謂之有威儀。(《左》襄三十一年)

聲亦如味：一氣，二體，三類，四物，五聲，六律、七音，八風，九歌以相成也。(《左》昭二十年)

(四) 志　氣

聲味生氣。(《國語・周語下》　韋昭注：口內五味則耳樂五聲，耳樂五聲則志氣生也。)

口內味而耳內聲，聲味生氣。氣在口爲言，在日爲明，言爲信名，明以時動，名以成政，動以殖生，政成生殖，樂之至也。若視聽不

和而有震眩，則味不入精，不精則氣佚，氣佚則不和。(《國語‧周語下》)

偃也聞之戰鬥，直爲壯，曲爲老。未報楚惠而抗宋，我曲楚直，其眾莫不生氣，不可謂老。(《國語‧晉語下》)

祀所以昭孝息民，撫國家、定百姓也，不可以已。夫民氣縱則底，底則滯，滯久而不振，生乃不殖，其用不從。(《國語‧楚語》　章昭注：氣，志氣也。)

由上所列資料，可得一較清晰之概念，即氣之始義當爲血氣，可理解爲生命之元質，或生命之活力。至於聲氣、勇氣及志氣之屬，無妨視从血氣所出之引申義，用有不同，故異名以別之。此一生命活力發爲聲音，於是有聲氣之名；表現於勇力，於是有勇氣之名；凝聚於心志，於是有志氣之名。另有「六氣」一詞，數見於《左傳》、《國語》，後世有疑爲後起之義者，今并說之如下：

天有六氣，降生五味，發爲五色，徵爲五聲，淫生六疾。六氣曰：陰陽風雨晦明也。分爲四時，序爲五節，過則爲菑：陰淫寒疾，陽淫熱疾，風淫末疾，雨淫腹疾，晦淫惑疾，明淫心疾。(《左》昭元年)

則天之明，因地之性，生其六氣，用其五行。氣爲五味，發爲五色，章爲五聲。(《左》昭二十五年)

王將鑄無射，問律於伶州鳩，對曰：「律所以立均出度也。古之神瞽，考中聲而量之以制，度律均鍾，百官軌儀，紀之以三，平之以六，成於十二，天之道也。夫六，中之色也，故名之曰黃鍾，所以宣養六氣九德也。」(《國語‧周語下》)

引文所載「六氣」，所謂陰陽風雨晦明者，實爲六種自然現象：寒煖、風雨、晝夜耳。此處「陰陽」之義，雖有爭論〔註24〕，然順傳文「陰淫寒疾，陽淫

〔註24〕　《中國思想史論集續編》，徐復觀，時報出版公司，頁 45～50 說之甚詳。徐氏肯定陰陽二氣自西周末已獨立於六氣之上，至少春秋時代已完成，其根據即爲《國語‧周語上》伯陽父一段及《左傳》昭公元年、二十五年兩段。然錢穆及李漢三兩人均異於徐說，以其凸出於陰陽說之發展史實，過於凸兀，所以不類。見《先秦諸子繫年》，錢穆撰，香港大學出版社，頁 451～455，〈附國語采及鐸氏虞氏鈔撮考〉；《先秦兩漢陰陽五行學說》，李漢三撰，維新書局，頁 38。

熱疾」所解，當爲氣候之「寒煖」無疑。蓋由陰陽原義之受日光照射與否引申而得。此六氣皆爲耳目感官之所及，經驗之可得，並不具有如後來所說宇宙論創生之氣義。又因六氣之作用，乃決定四時、五節（五聲）、五味、五色，皆所以作爲人生存之條件，並指自然界之流行狀態。於是本爲與風、雨、雲相關之氣，至此已擴大其義，泛指自然界之流行，《國語》所載特多自然之氣亦可佐證：

> 夫山，土之聚也；藪，物之歸也；川，氣之導也；澤，水之種也。夫天地成而聚於高，歸物於下，疏爲川谷以導其氣，陂塘汙庳以鍾其美，是故聚不阤崩而物有所歸，氣不沈滯，而亦不散越。（《國語・周語下》）

> 其後伯禹念前之非度，釐改制量，象物天地，比類百則，儀之于民，而度之於群生。共之從孫，四嶽佐之，高高下下，疏川導滯，鍾水豐物，封崇九山，決汨九川，陂鄣九澤，豐殖九藪，汩越九原，宅居九隩，合通四海。故天無伏陰，地無散陽；水無沈氣，火無災燀，神無間行，民無淫心。（《國語・周語下》）

> 古者大寒降，土蟄發，水虞於是乎講眔罶，取名魚，登川禽而嘗之寢廟，行諸國，助宣氣也。（《國語・周語下》）

上列引文所載之「氣」可與《易傳・說卦傳》「山澤通氣」之說〔註25〕，及許慎《說文解字》「山」字下所釋「山，宣也。謂能宣林氣，生萬物也。」相發明，皆指具體之水氣、寒煖之氣而言。《國語》另有「天地之氣」之記載：

> 幽王二年，西周三川皆震，伯陽父曰：「周將亡矣！夫天地之氣不失其序，若過其序，民亂之也。陽伏而不能出，陰迫而不能烝，於是有地震。」（《國語・周語上》）

> 聲應相保曰和，細大不踰曰平，如是而鑄之金，磨之石，繫之絲木，越之匏竹，節之鼓而行之，以遂八風，於是乎氣無滯陰，亦無散陽。
> （《國語・周語下》）

此二段引文論天地之氣而以陰陽統之。

　　檢視《左傳》、《國語》二書所載之氣，值得重視者，爲此階段不僅出現「氣」字，且「自然之氣」與「生命之氣」同時出現。「自然之氣」可上溯及

〔註25〕「山澤通氣」見於《易・說卦傳》第三章及第六章。《周易》，十三經注疏本，藝文印書館，頁 183～184。

甲文及《易》、《書》、《詩》之風、雨、雲，至此則擴大其義至於陰陽、晦明、天地、風雨等自然流行現象，已有宇宙論之傾向，並視爲萬物化生之重要因素，且更有歸約於「陰陽」之跡象。「生命之氣」則爲春秋以降，由於生理、心理知識之累積與發展，自人身上發現其存在，如血氣、聲氣屬於生理方面；勇氣、志氣則屬於心理方面，身心二者交互影響，故云：「味以行氣，氣以實志。」並直以「氣」統稱之。自然之氣所起之作用亦影響人生命之氣，由前引昭公元年「天有六氣」一段文字可知，凡人之視、聽所及，維持生存之所必須，疾病之所自生，以至於調節養生，莫非受「自然之氣」影響之證明。

三、《論語》

　　《論語》一書在時代上後於《左傳》、《國語》而較諸子爲先。今傳本雖定於漢代，然其成書總在戰國初期，全書以語錄方式記述孔門師弟言行，爲實錄。就內容言之，爲研究孔門思想最眞實之資料，其中上論十篇又較下論十篇更爲可信。書中言及「氣」及其涵義，較諸《左傳》、《國語》，顯然更爲原始、質樸而單純。茲討論於下：

　　　君子所貴乎道者三：動容貌，斯遠暴慢矣；正顏色，斯近信矣；出
　　　辭氣，斯遠鄙倍矣。籩豆之事，則有司存。（《論語‧泰伯》第八　第
　　　四章）

辭謂言語，氣即聲氣也。清劉寶楠《正義》云：「辭謂言語，氣謂鼻息出入，若聲容靜，氣容肅是也。」〔註 26〕劉氏分解爲二，固無不可，然此章所述蓋有同於《左傳》襄公三十一年「聲氣可樂，動作有文，言語有章」與言語並稱，乃氣息發爲聲音言語，故謂辭氣。

　　　肉雖多，不使勝食氣。（《論語‧鄉黨》第十　第六章）

食氣，穀氣也。食物以穀米爲主，不使肉勝食氣〔註 27〕。若古論則作「既」，讀爲餼，亦穀米也，義則相通，歷來注家皆以爲二，蓋此處「氣」當用「餼」之本義，若直訓氣爲穀氣，則恐落入後起五行說之解釋，而義恐未安。〔註 28〕

　　　攝齊升堂，鞠躬如也，屛氣似不息者。（《論語‧鄉黨》第十　第三
　　　章）

〔註 26〕　《論語正義》，清劉寶楠正義，四部備要本，中華書局，卷九，頁 4。
〔註 27〕　《論語集注補正述疏》，國學名著珍彙本，鼎文書局，卷五，頁 99。
〔註 28〕　劉寶楠及簡朝亮二氏均如是解，疑恐有誤。

息謂呼吸也，蓋出息爲呼，入息爲吸。氣即呼吸時，鼻息所出入者，指空氣也。

　　　　孔子曰：「君子有三戒。少之時，血氣未定，戒之在色；及其壯也，
　　　　血氣方剛，戒之在鬥；及其老也，血氣既衰，戒之在得。」（《論語・
　　　　季氏》第十六　第七章）

朱熹註此章云：「血氣，形之所待以生者。」又引范氏曰：「聖人同於人者，血氣也；異於人者，志氣也。血氣有時而衰，志氣則無時而衰也。」〔註29〕簡疏云：「蓋天地生人，其形以血氣而生；其生理，則性命之理也，所謂天理也，而皆麗於血氣之形矣，斯人欲由是而生焉。馭血氣者，從天理之正而不從人欲之私，其必勝之矣。」〔註30〕

　　《論語》中所載之氣，乃屬生理之氣。或指血氣，或指氣息，或指辭氣，皆保持原義之樸素性格。生理之氣乃自然生命所本，孔子將血氣之發展分爲少年、壯年、老年三階段，並以血氣有負面之傾向，故分別戒之。然其所以戒之根據爲何？仁乎？禮乎？孔子未明示之。求諸《論語》義理，子曰：「我欲仁，斯仁至矣！」〔註31〕其根據必爲內在之仁心，不假外求者。孟子承之，遂以仁心爲氣之帥，並提出「養氣」之說，自此，氣乃轉向道德義而發展。

　　總結本章所述可知：

　　一、甲文及春秋似前金文雖有「气」字，然其義與「氣」義迥殊。後期金文出現之「氣」字，乃「气」之異體字，而時代已晚至戰國末年。甲文載有與氣相關之風、雨、雲等字，金文則鮮見。

　　二、古籍中，《易》、《書》、《詩》亦無「氣」字，與氣相關之風、雨、雲則數見不鮮，《詩經》中且已連用，或轉用爲形容詞。

　　三、氣字首先出現於《左傳》、《國語》，屬於人生命之氣及自然界之氣皆已出現，且前者受後者之影響已有明顯之記載。據資料顯示，《左傳》昭公元年以前，未出現有關自然界氣之陳述，與《易》、《書》、《詩》所顯示之情形相合。有關人生命之氣則早於莊公十年已見「氣」「勇氣」及僖公十五年有關動物血氣之記載，僖公二十二年並有「聲氣」一辭。若以《左傳》寫作所根據之資料推斷，則人氣較天氣，在時間上約早一百五十年。且《左傳》、《國

〔註29〕　《四書集註》，朱熹集注，學海出版社，下論，卷八，頁116。
〔註30〕　同註27，卷八，頁111。
〔註31〕　《論語・述而》，十三經注疏本，藝文印書館，頁64。

語》有關「天之六氣」之記載，已有學者疑爲後人潤加之筆〔註32〕。《國語》之資料則在西周宣王時代已提及「陽氣」及「士氣」(《周語》上)〔註33〕，在魯僖公時方言及「血氣」。《國語》載及血氣之時間與《左傳》相當，而有關自然之氣記載則早於《左傳》二百五十年以上，顯然與《易》、《書》、《詩》之陳述不合，若再徵以《論語》專論人氣而未及於天氣之事實，疑《左傳》所述較得其實？

其次，就哲學史之考察：西方哲學之起源，首先重視對外界事物之觀解；中國哲學之起源，則首重人自身之存在體驗及道德實踐，落實於生命主體性之自覺。在西方哲學觀點下，人與萬物爲各自獨立之不同個體；而中國哲學觀點下之人與萬物，乃一融洽之整體，其終極境界則爲「天人合一」「天地萬物爲一體」之體現。經由此大原則之瞭解，再檢證本章資料之陳述，或容可作下列之推斷：即除非出土資料有確鑿證據證明屬於自然界之氣字早於吾人生命之氣，否則氣一概念之形成，實乃由於人對生命自身之反觀，而後發現人氣與天氣本爲一體，將原來單獨使用之風、雨、雲聯成一「氣」，進而擴大爲自然流行現象之解釋。此種由內而外建立概念之思考方式，正與「道」之建立方式如出一轍。〔註34〕

〔註32〕 見註34，錢穆、李漢三二氏皆疑之。

〔註33〕 《國語·周語》上，明刊天聖明道本，其文曰：「幽王二年，西周三川皆震，伯陽父曰：『周將亡矣，夫天地之氣不失其序，民亂之也。陽伏而不能出，陰迫而不能烝，於是有地震。』」

〔註34〕 《中國哲學原論》，原道式，唐君毅撰，新亞研究所出版，學生書局印行，頁35，「道字之初義，即道路之道，然此亦是以人首之在中，以表其所經者爲道路。故此道之字原，無論初即導蹈之義，或初即指人所經行之道路，皆連于此人首加以界定，亦皆與人之行有關。此人首，自始即有一可尊之義。故此道之字原，即有可尊之義。又人首之動，全屬於人之主體或主觀，其動所經行之境，則亦爲客觀。故道自具由主觀以通達客觀之義。」即說明由人而至於外界之思考方式。馮友蘭《新理學》第三章「道，天道」亦論之甚詳，可參讀，見所著《貞元六書》，頁100，正文中所述「人氣概念之形成先於天氣」說，於學位論文口試時，台大張亨老師認爲既無法盡得古代資料作爲憑據，宜作保留，其說甚諦，今從之。

第三章　氣之道德性論述

第一節　道德義之確立及其論述之成立背景

一、道德義之確立

　　本章所論述之「道德」義，乃直承孔子所提出之「仁」界定之，爲可自作主宰，自我實踐，成就自我及於群體，屬於精神價值領域，可開出人生終極理想者。非屬西方倫理學範圍，可作爲研究對象之道德規範、道德律所定義之道德。其內容爲既內在又超越之主觀性及客觀性原則所規定者。其內在於生命之根據即依孟子所提出之「心」而規定，有眞實具體之內容，即仁義禮智之四端，爲人生命當下體悟可得，非僅爲一設準，此乃主觀性原則；其超越之根據乃依《中庸》、《易傳》所言之「性」、「命」、「天道」而定其內容，此爲客觀性原則。本章論述之道德義即以上述之道德爲其內容。

二、氣之道德性論述之成立背景

　　道德義所討論之氣，最早者可上溯至《論語・季氏》篇，孔子所提出對於「血氣」之意見：

> 君子有三戒：少之時，血氣未定，戒之在色；及其壯也，血氣方剛，
>
> 戒之在鬥；及其老也，血氣既衰，戒之在得。

孔子分血氣爲未定、方剛、既衰三階段，是亦明示其有伴隨形軀成長乃至衰老之過程，此自然過程非人力可左右，爲一命限式之存在。朱熹以爲血氣乃「形之所待以生者」〔註1〕，氣爲形軀之所本，人生一切活動，必透過此「血

〔註1〕《四書集註》，下論，卷八，頁116，朱熹註。

氣」而表現。若就孔子所言，血氣在各階段所展現之作用有：「好色」「好鬥」
「好得」三者，此三者雖屬於自然生命本具之層次，而孔子此言顯而易見將
之視爲生命中帶有負面作用之傾向，方提出「戒之」之要求，其所用以戒之
根據固未明言，然就其所明示「君子」一義，《論語》中規定甚明，當以仁義
爲此根據之內容。〔註2〕

　　《論語》僅就血氣有負面之傾向作討論，並未論及其正面之作用，必逮
孟子始正視「氣」之正面作用，提出存養、集義之工夫指點，以志帥氣之貞
定原則，藉以成就吾人之道德生命，展示至大至剛，上下與天地同流之浩然
內容，此實有進於《論語》者，亦奠定自道德論氣之典型。

　　孟子論氣實不出其論心之範圍，至於就天地萬物之氣之討論與貞定，與
應用於政治文化制度，以成就人類整體道德理想，若就此二層面而言，孟子
誠未及之，必有待於《禮記》、《易傳》之作者提出道德形上學之系統理論，
始將一切氣之理論與應用涵攝於道德實踐，此類以氣爲主要內容之宇宙論與
存有論，實皆依據儒家之大傳統──道德實踐之存在進路而討論，並非獨立
於此規範之外，有一平鋪式之氣化宇宙論在《禮記》、《易傳》中，此爲本章
極重要之觀念，必先有此認識，對本章始能作系統之理解。

第二節　孟子之氣論

　　孟子名軻，鄒人，生存時代約在戰國中期（約西元前 372～289 年），與
齊宣王、梁惠王及莊周約略同時。孟子幼受母教，長而學於儒門，當時百家
之說紛紜，儒學浸微，嘗言「乃所願，則學孔子也。」又曰：「予未得爲孔子
徒也，予私淑諸人也。」〔註3〕於此可見其志向。

　　《史記·孟荀列傳》曰：「孟軻所如不合，退與萬章之徒，序詩書，述仲
尼之意，作《孟子》七篇。」《孟子》書後世皆以爲由其弟子所記錄，於孟子
卒後，仿孔門弟子之輯《論語》，纂集而成。至於七篇之數，當可信，趙岐則
將各篇分爲上、下，凡四十卷，爲今所見者，茲據以論之。

〔註 2〕　《論語·里仁》篇：「君子去仁，惡乎成名。君子無終食之間違仁，造次必於
　　　　　是，顛沛必於是。」「君子喻於義，小人喻於利。」「君子而不仁者有矣乎，
　　　　　未有小人而仁者也。」（〈憲問〉）
〔註 3〕　《孟子·公孫丑上》：「乃所願，則學孔子也。」〈離婁下〉：「予未得爲孔子徒
　　　　　也，予私淑諸人也。」

　　孟子思想之重心在即心言性，由逆覺體證指點出性善，並由四端以直接把握「內在道德性」，遂爲論歷史文化理想、道德生命者，立一超越而內在之最後根據，故絕對主體性，道德之主體自由，皆自孟子指出「心之善」始有可言。

　　孟子論氣，以平旦之氣說明人之善端須存養，方能不與物消長。論浩然之氣，則以自然生命爲無徼向性者，發自本心之義與道，集義以充之，至乎至大至剛，生命由此轉爲全幅之德性精神，通體爲德性光輝，爲生命展示極高明之氣象。上述論氣，皆涵於其心性論下說之。茲分述於后。

一、平旦之氣

　　孟子所言性善之性，乃當下體證人心所得，就「人心之作用」指證人之善性爲本有。此心孟子謂之「本心」，即道德心，內涵「仁義禮智」之性。人必須存養之，否則難免蔽於物而放失、迷失其本心，而流於不善。〈告子〉篇有「牛山之木」一章，正說明此理：孟子曰：

> 牛山之木嘗美矣，以其郊於大國也，斧斤伐之，可以爲美乎？是其日夜之所息，雨露之所潤，非無萌蘗之生焉；牛羊又從而牧之，是以若彼濯濯也；人見其濯濯也，以爲未嘗有材焉，此豈山之性也哉？

> 雖存乎人者，豈無仁義之心哉？其所以放其良心者，亦猶斧斤之於木也。旦旦而伐之，可以爲美乎？其日夜之所息，平旦之氣，其好惡與人相近也者幾希？則其旦晝之所爲，有梏亡之矣。梏之反覆；則其夜氣不足以存，則其違禽獸不遠矣。人見其禽獸也，而以爲未嘗有材焉者，是豈人之情也哉？

> 故苟得其養，無物不長；苟失其養，無物不消。孔子曰：「操則存，舍則亡；出入無時，莫知其鄉。」惟心之謂與！（〈告子上〉）

「平旦之氣」「夜氣」皆指人靜心養息，尚未與外物交接、迷亂之生命情景，涵人固有之良心美質。孟子則未嘗如同荀子將「氣」視爲對治於心之氣。人生而即有之生命本然之氣，荀子視爲有惡之傾向，孟子在其性善說之觀點下說氣，則未嘗謂之有惡之傾向。且因心之作用，可以集義以養，以至於浩然流行之境界，即如平旦之氣，亦隱含有善義，故孟子所論，皆就其正面作用言。至於孟子所言氣，是否涵有非平旦之氣則具有惡之傾向此層義蘊，就此點而論，在《孟子》書中尚未發現證據能證成之。

若依引文，孟子似未將「心」與「平旦之氣」或「夜氣」之間作任何區分，然則心與氣二者是否相同？若不同，二者關係又如何？孟子此「心」，乃「道德心」，內涵「仁義禮智」之性，非指具認知作用之知性心，亦非發動情緒，心理學上意義之情意心。蓋孟子之心以「德」為首出，且承孔子之「仁」而來，其引孔子語「操則存，捨則亡」與《論語》「仁遠乎哉？吾欲仁，斯仁至矣！」義理一脈相貫。孟子於心性指點善端者，特有其定義，不能與諸家論心性者混為一談。「平旦之氣」與「夜氣」之氣為本然之生命力，孟子特冠以「平旦」或「夜」者，在於說明人之自然生命暫停向外活動時，始易有清明之心，進而內省自覺。故孟子言「平旦之氣」或「夜氣」時，即合善而言，此時氣即心，以生理作用尚未紛馳外逐，「本心」特易自覺耳，孟子所謂「思則得之，不思則不得」者也。蓋心之作用亦資於氣，氣之作用又通於耳目口鼻四肢之「小體」。平旦之氣為氣存在之一種狀態，雖「善」為心，亦合平旦之氣而言。惟其存在之際，道德心特易自覺存養，故心與氣實一。此專就平旦之氣與夜氣而言。

二、生理之氣

孟子以氣為體之充，為道德、知識、情意發用之資具，一切活動藉此生發。前文述「本心」易自覺於「平旦之氣」存在之際，雖此際二者合一，然並非心與氣無分，然則二者關係如何？孟子曰：

　　志壹則動氣，氣壹則動志也。今夫蹶者趨者，是氣也，而反動其心。

　　（〈公孫丑上〉）

志為心之所之，孟子論心之內容為善，則其志亦當屬善可知〔註4〕，心為本體，志乃其徵向，欲將此心之善意落實於一客觀事物上，此實踐之過程，必通過氣之發用。故存於心、志層，僅為意願、構想；在實踐時，必賴氣之全幅作用，舉知、情、意全幅之生命力全力以赴，故志專一，則氣從之。蓋孟子以氣為志之資具也，故曰：「志壹則動氣」「志至焉，氣次焉。」

若無志以帥氣，則氣之作用或淪為盲動。不論其發為認知、感情及感官之活動，當其專一於活動之際，固可成就知識、藝術、技能等客觀表現，然就道德心而言，必影響其發用，亦即憑血氣之勇，情緒衝動，亦可反動其心，

〔註4〕《孟子・盡心上》：「王子墊問曰：『士何事？』孟子曰：『尚志。』曰：『何謂尚志？』曰：『仁義而已矣。』」

孟子嘗舉例言之：

> 北宮黝之養勇也，不膚撓，不目逃，思以一豪挫於人，若撻之於市
> 朝，不受於褐寬博，亦不受於萬乘之君，視刺萬乘之君若刺褐夫，
> 無嚴諸侯，惡聲至，必反之。孟施舍之所養勇也，曰：「視不勝猶勝
> 也。量敵而後進，慮勝而後會，是畏三軍者也。舍豈能為必勝哉？
> 能無懼而已矣。」（〈公孫丑上〉）

孟子言孟施舍為守氣，則北宮黝為使氣，二者皆專住於氣而反動其心。此二
人之區別，在於北宮黝向外求必勝，使氣以勝之，則其用氣必為無分對象之
衝動；孟施舍則守氣之無懼以應敵。一向外，一向內，二人之用氣皆未達以
志帥氣之層次，此二人皆屬「氣壹則動志」之例。

　　吾人已於前文理解孟子之氣，不必解為有惡之傾向者，蓋孟子雖僅指出
平旦之氣足以存善，兼或涵非平旦之氣則不免流於任自然生命之外馳，其太
過者，則未有不盲爽發狂之可能，此點只能說明孟子不否定善之遺失，無害
於孟子論氣。以孟子自始即肯定心之善，又言志可帥氣，皆將氣置於中性論
述，換言之，自始即正視氣，並予正面之價值之可能，直以志、氣並稱，無
貶抑之意味，此點與後世論學將氣視為生命向下墮落之源、無明之始者，誠
大異其趣。

　　因此，順上述之理解，北宮黝、孟施舍二人之使氣、守氣，仍停住於「血
氣」之層次。北宮黝全憑其生理之氣以凝聚其志意，發而為堅持之力，必欲
征服一切、戰勝一切之勇氣與信念，此種無視於對象，必欲勝之者之心態，
誠忽略客觀之事實，其內容既無客觀之認知，復無價值判斷之道德心，僅憑
藉一股原始生命之衝動，直可謂任氣、使氣。孟施舍之有進於北宮黝者，在
於有客觀之認知，正視客觀之現實，即「勝利」之不可能永遠操之在我，而
向內守住「無懼」之信心，堅持此念，不為對象所動，孟子謂之「守氣」，較
諸北宮黝誠能得處事之要，故云「守約」。依孟子之見，此二人均未能通過道
德心以貞定其氣，猶屬於血氣之層次，其勇則屬於血氣之勇，其生命境界仍
為原始生命之境界。

三、義理之氣

　　孟子進而舉曾子之例，以說明較血氣之勇更高層次之義理之勇。

> 昔者曾子謂子襄曰：「子好勇乎？吾嘗聞大勇於夫子矣：自反而不

縮，雖褐寬博，吾不惴焉？自反而縮，雖千萬人，吾往矣！」孟施
舍之守氣，又不如曾子之守約也。(〈公孫丑上〉)

曾子將血氣之勇通過道德心之自覺、反省以貞定之，以義理主宰血氣，則氣
之發用，頓時向外落實為道德行為，義理之勇，非意氣用事或盲目之衝動，
此之謂「大勇」。孟子嘗云：「充實之謂美；充實而有光輝之謂大。」生命之
充實乃以「仁義禮智」為內容，經實踐而後心安，「氣」經此心之照射而通體
透明，經此心之貞定而成就人生之價值，故謂之有光輝。孟子以生命之有光
輝乃屬於道德意義者，餘者不稱焉。氣經此自反洗煉，始安於心，反求諸己
而心安理得，則雖千萬人吾往矣，此氣概已非意氣、情緒而已，以其有價值
判斷，有理想主導，有實踐之勇氣，故謂之大勇。大勇即以義理安於心為其
內容，故亦謂之「義理之勇」，其生命亦由是而提昇於道德之層次。

　　另一異於北宮黝、孟施舍及曾子之論氣者為告子。孟子以心為氣主。告
子不然，告子以氣之層次同於心，其言如下：

　　　不得於言，勿求於心；不得於心，勿求於氣。(〈公孫丑上〉)

　　告子此言分言語、思想及氣三者，其意為：若不能以言語勝人，則不必
求助於思想；若思想不能勝人，則毋須求助於意氣、情緒〔註5〕。故此「氣」
解為意氣，乃人之情緒發用，猶未出孟子論氣之範圍。告子以為：若思想上
不能勝人，即不能勝之以理，則不必動以意氣，或訴諸情緒。告子論心之內
容是否即為理，以其生之謂性之主張觀之，容可爭論，然孟子既予引用，復
予肯定，故就孟子所引論之，不究其義內或義外也。揆孟子之意，理不勝人，
必反求諸己，得理而後心安，徒逞意氣，則不必要。告子以為言語不能勝人，
則不必訴諸於思想，對方即令能服我口，亦不能服我心。孟子以為不可，言
不能順者則難勝，言不順乃理有所虧，必訴求於合理，理直則氣壯，氣壯則
言盛，故孟子不贊同告子「不得於言，勿求於心」之說。

　　告子之不動心，其根據在「不得於言，勿求於心」者，乃逃避現實，欲
避免失敗之事實擾動思想、精神之層次，故孟子以為不可。至於「不得於心，
勿求於氣」者，為冷靜之表現，能否反求諸理，告子並未進一步言，然不意
氣用事，能守住不動心，與孟子想法不悖，故孟子以為可。以告子一貫之主
張，義由外取，則無內在之義理根據可知，故其論不動心，誠不免有退縮、
消極之傾向，而孟子以「仁義內在」，其不動心有道義為根據，其行為能配道

〔註5〕《孟子譯注》，楊伯峻譯注，源流出版社，頁61～68。

與義，以志帥氣，內外皆以道義為憑藉，故孟子思想先後一貫。

上述之討論，孟子分別說明北宮黝、孟施舍、告子及曾子之不動心與氣之相關，並提出「以志帥氣」之說。孟子深知「仁」非僅內在之虛明，必落實於人世間之事物，仁心通向人間事物之橋樑，即此具體之生命。故志與氣，合之則雙美，分之則兩無掛搭，因此，進一步則言「持其志，無暴其氣。」

四、浩然之氣

孟子言浩然之氣即有承於上述「以志帥氣」、「持其志，無暴其氣」內外交修而得。何謂「浩然之氣」？孟子亦覺其難言，其言曰：

> 其為氣也，至大至剛，以直養而無害，則塞於天地之間。其為氣也，配義與道，無是，餒也。是集義所生者，非義襲而取之也，行有不慊於心，則餒矣。……必有事焉而勿正，心勿忘，勿助長也。（〈公孫丑上〉）

孟子首先提出「直養無害」為養氣之首要工夫，直養者乃持志工夫之更進一步，依趙岐注：「養之以義」「義」乃志落實於行為者也，為仁心之實踐，以此養氣，則生命力不斷交流於仁義之間，屬正面修養之方也。「無害」為無暴其氣之說明，除以志帥氣外，復須不使氣乖舛紛馳、橫肆泛濫，更不可使外內邪事干擾，始克竟功〔註6〕。孟子之善心，本為仁義禮智之端，亦僅為「端」之存在而已，需經不斷持志與直養，透過氣之發用，落實於事物；個體生命實踐「普遍之仁心」於特殊事物之上，則此仁心由內向外落實，本諸天地之所予我者，內在於我者，經具體實踐行為，遂通向外界之人與事，於是乎志與氣凝鑄為具體之生命氣象，充塞於天地，至大至剛。

其次，浩然之氣配義與道而生。義為吾人性分所固有；道，即率性而行，仁義之價值方向也。是以知道德實踐，不僅為心中存養之事，且為躬行承擔。心中事固可一悟而翻上來，承擔躬行則非有力久之功不可，此累積之功，即所謂「集義」工夫。若無義與道，則不安於心，心不安則氣餒，氣餒則無法成就生命之充實與光輝。實踐之時必心無忘於仁義，必行之勿斷勿懈；行不由義則不慊於心，如此，生命則無法臻於浩然流行之境界。浩然之氣，為志與氣之統一，大體與小體合一，此誠以道德提昇氣，孟子提出以志帥氣、無

〔註6〕趙岐注，十三經注疏本，《孟子》，頁54～55，「言此至大至剛正直之氣也，然而貫洞纖微，洽於神明，故一言之難也。養之以義，不以邪事干害之，則可使滋漫，塞滿天地之間，布施德教無窮極也。」

暴其氣、直養無害，配義與道等步步之工夫指點，更提出「集義」之工夫論，集義乃徹底「行之工夫」，它落實於具體之行爲、事物，故孟子云：必有事焉。斷非經由玄思、推理、架構所得，乃日常生活間事，一點一滴，不可須臾離於道義，長期以生命貫注，若無法如預期得之，亦不可操之過急，故云「勿忘，勿助長。」積漸累者，終底於成，則氣與道義渾然一體，當此之時，一言一行無非蓬勃之生氣、正氣，無非道義之流行，此境界只能經由個人實踐而得，非可以言傳授受。雖不可言傳，亦非神秘〔註7〕。凡經孟子所指點之工夫徹底踐行者，爲必然能體現，必然呈現於生命中之眞實，〈盡心〉篇對此境界之描述，足徵孟子所論非出於思辨之構思：

> 君子所性，仁義禮智根於心，其生色也，睟然見於面，盎於背，施於四體，四體不言而喻。

> 可欲之謂善，有諸己之謂信，充實之謂美，充實而有光輝之謂大，大而化之之謂聖，聖而不可知之謂神。

極奧妙而難測之謂神，吾人自然生命之氣與浩然之氣，只此一氣，原無二氣，後者乃前者經道義長期浸灌而成。當此之時，精神與天地同流，萬物皆備於我，宇宙之終極原理亦經由此境界體現。生命之氣息，充塞宇內，道德秩序即宇宙秩序，宇宙秩序之剛健不息，與生命同其至大至剛，萬象盡涵於此，此之謂浩然。

　　以上所述，爲孟子涵於仁德實踐所體現氣之存在說明，此氣義爲道德所規定者，爲儒家論氣之典型開山。

第三節　《禮記》之氣論

　　《禮記》一書雖輯成於漢代，然其作者大率爲戰國末期或秦漢間之儒者，或爲七十二子之後學，或爲與孟子、荀子有關之儒者。此時儒者之著作大都散佚，幸存《禮記》一書，俾可藉此推尋孔、孟、荀以外儒者之思想及成就，故《禮記》一書於探究晚周、秦漢之際儒家思想，誠占有極重要之地位。

　　《禮記》雖屬纂集成書，或間攝取儒家以外各家之言論，然原其意則在

〔註7〕 馮友蘭即以孟子代表古代儒家之神秘主義。見所著〈中國哲學中之神秘主義〉，《燕京學報》第一期，頁53～64。

於本孔門之儒教，加以引申發揮，以涵攝各家思想，間或回答各家對儒學之問難，於學術演變大勢，若有所增益修正者，固其宜也。

《禮記》成書，要在言禮，或記禮文、儀節、制度，或釋禮義，皆不外乎用世，至於其原則，蓋如〈禮運〉所云：「本於天，殽于地，列于鬼神，達至于喪祭射御，冠昏朝聘。」〔註8〕其於人性、人心之根據，則歸宗於仁義。孔子嘗論禮樂云：「人而不仁，如禮何？人而不仁，如樂何？」〔註9〕孟子亦云：「仁之實，事親是也；義之實，從兄是也；禮之實，節文斯二者；樂之實，樂斯二者。」〔註10〕此言禮之精神原有人性之根據，若不能以吾人真實生命當下實踐，深切體驗，則恐成徒具儀文形式，僵化之繁文褥節而已。或謂禮始於三代，先於孔孟，何以歸宗於仁義也？蓋夏商之禮逐漸演進，為現實質文之累積，逮乎周則燦然明備，周公之制禮作樂，乃緣當時軍事、政治組織而創發之形式，乃據事制範，為廣度之外被；至乎孔子以仁心指點，則此禮經三百，威儀三千，萬千形式，自此始攝事歸心，咸匯歸于仁義之道德原理也。故《禮記》一書雖條縷無數，要皆涵於道德心對行為之貞定，此為對本節討論宜有之認識。

《禮記》一書後成，故有關自然之氣，〈月令〉所載者，已見於《呂氏春秋》〔註11〕。其承血氣、志氣義者，亦不再論，茲就《禮記》所特詳，與祭祀有關之氣討論之。

一、鬼　神

〈祭義〉云：

> 宰我曰：「吾聞鬼神之名，不知其所謂。」子曰：「氣也者，神之盛也；魄也者，鬼之盛也。合鬼與神，教之至也。」眾生必死，死必歸土，此之謂鬼。骨肉斃於下，陰為野土。其氣發揚於上，為昭明，焄蒿、悽愴，此百物之精也，神之著也。因物之精，制為之極，明命鬼神，以為黔首則。百眾以畏，萬民以服。

此言鬼神，為人死後之形氣二名，據引文之義，骨肉斃於下，陰為野土，此之謂鬼，鬼者，歸也，指其歸於土也，當指形骸言。氣則發揚於上，為百物

〔註8〕　《禮記‧禮運》，十三經注疏本，藝文印書館，頁414。
〔註9〕　《論語‧八佾》第三，十三經注疏本，藝文印書館，頁26。
〔註10〕　《孟子‧離婁》上，頁137。
〔註11〕　參見本文第四章第五節《呂氏春秋》自然之氣。

之精，則神指人死後不入土者言。精乃氣之異稱，爲萬物之精萃〔註12〕。此言神與人生前之氣有別，專指死後之氣而言，與莫測高深之神義亦有別。《左傳》昭公七年孔氏《正義》云：「聖王緣生事死，制其祭祀，存亡既異，別爲立名，改生之魂曰神，改生之魄曰鬼。」故亦知「魄」爲鬼生時之名，魄魂鬼神，皆形氣也。魂魄爲人生時之名，鬼神爲死後之名。以魂魄於人生之時合一而無分，鬼神於人死後則分之。骨肉形骸斃於土，此可見者也；魂氣則發揚於天地之間而無所不之，此不可見者也。孔氏《正義》有云：

> 人生，賦形體與氣合共爲生；其死，則形與氣分。其氣之精魂發揚於上爲昭明者，言此上升爲神靈光明也。焄蒿悽愴，此百物之精也者，焄謂香臭也，言百物之氣，或香或臭；蒿謂烝出貌，言此香臭烝而上出，其氣蒿然也。悽愴者，謂此等之氣，人聞之，情有悽有愴。百物之精也者，人氣揚於上爲昭明，百物之精氣焄蒿悽愴，人與百物共同，但性、識爲多，故特謂之神。

百物之氣以時有之，春夏溫煖，所生之物多焄蒿之氣，人接觸而感通之，則天地六氣、百物焄蒿之氣與人之性、識交互感通，於是乎在人之意識中凝滯爲一情結，此情結一旦形成，即成爲超越時空之存在，隨處感發，譬值春煖，則憶及百花；聞百花之芬郁，則感有煖意。秋冬多肅殺之氣，萬物蕭瑟歸寂，人感之則易生悽愴之情，其感於百物之氣者亦如是。故焄蒿悽愴，爲人感於百物者，其氣則屬於百物；人因有性有識，故不同於百物之獨以焄蒿悽愴感人。人之「性」「識」依氣而生〔註13〕，故人死後，此氣發揚於上，其生前之性、識則同此氣流於天地之間，可與他人相感通。所感於人者，以有性、識之故，特名之曰昭明。其與感於百物者之同爲氣也實一，獨有感於人者特多性、識，此人與物之分別也。何謂性、識？孔氏《正義》嘗論之，以爲「性」「識」有別，《正義》云：

> 氣在口，噓吸出入，此氣之體，無性、識也。但性、識依此氣而生，有氣則有識，無氣則無識，則識從氣生，性則神出入也。故人之精靈而謂之神。

「性」乃天命者，人有生命力，乃與生俱來，死後仍存在，其分別在於存在

〔註12〕《管子・內業》：「精也者，氣之精者也。」此二精字前者爲名詞，後者爲狀詞。

〔註13〕見後文孔氏《正義》解，《禮記・祭義》，頁813。

之時空不同而已。故孔氏云：「性則神出入也」出入於死生之間也。識則由心所生，心能知，耳、目、口、鼻、身能感，合與此外物接，則喜、怒、哀、樂、愛、憎之情慾生，凡此皆曰「識」如此言之，則「識」有感知，了別，愛憎執著之義。知乎此，則生前之「識」，實涵氣魄之作用言，孔氏又云：

> 云耳目聰明爲魄者：魄，體也。若無耳目形體不得爲聰明，故云耳
> 目聰明爲魄。

氣寓於魄而顯，魄待氣而生，故孔氏云：「識從氣生」尚欠精審，確當言之宜作：「識從氣魄生。」無論如何，要在論人之氣具性、識，以有別於萬物之氣而已。

　　由以上之論述，知人於生之時，氣形（魂魄）合一，死後則鬼神分途，聖人尊之，設祭之禮，以教萬民，斯爲教化之極致。孔氏《正義》論之甚詳：

> 人之死，其神與形體分散各別，聖人以生存之時，神形和合，今雖
> 身死，聚合鬼神，似若生人而祭之，是聖人設教而興致之，令其如
> 此也。

祭之大義，崇功報德，報本反始也。人死後神氣流行於天地之間而莫之測，命之曰神，尊之也，故必嘷號招魂〔註14〕，於祔有主以依神，於祭有尸以像鬼。則死者之魂有所定，魄有所像。祭之先，比時具物，修宮室，設牆屋，齋戒沐浴，盛服奉承。齋三日，思其居處、笑語、意志、嗜樂，想其性、識也〔註15〕。此皆聖人設教、制禮，以合死者之鬼神，生時之性、識，以孝子之心志致之，彷彿生前，《中庸》云：「視之而不見，聽之而不聞，洋洋乎如在其上，如在其左右。」又云：「齋明盛服，以承祭祀。」〈祭統〉云：「敬盡然後可以事神明。」此即祭之精義也。《論語・八佾》篇云：「祭神如神在，吾不與祭，如不祭。」顯然儒者之精神一脈相承而未墮，與世俗所論鬼神之義殊不類也。

　　人生時曰魂，曰氣，死曰神。故神氣本爲一，生死殊途耳。於是乎祭享之時亦以氣報之。禮記亦多記之。

〔註14〕《禮記・禮運》，頁416。
〔註15〕《禮記・祭義》，頁810：「孝子將祭，慮事不可以不豫，比時，具物不可以不備，虛中以治之。宮室既脩，牆屋既設，百物既備，夫婦齋戒、沐浴、盛服，奉承而進之。洞洞乎，屬屬乎，如弗勝，如將失之，其孝敬之心至也與。」

　　　　燔燎羶薌，見以蕭光，以報氣也。（〈祭義〉）

　　　　郊，血大饗，腥三獻，爓一獻孰，至敬不饗味而貴氣臭也。諸侯爲
　　　　賓灌，用鬱鬯，灌用臭也。大饗尚腶脩而已矣。（〈郊特牲〉）

　　　　有虞氏之祭也，尚用氣，血腥爓，祭用氣也。殷人尚聲，臭味未成，
　　　　滌蕩其聲，樂三闋，然後出迎牲。聲，音之號，所以詔告於天地之
　　　　間也。周人尚臭，灌用鬯臭，鬱合鬯臭，陰達於淵泉，灌以圭璋，
　　　　用玉氣也。既灌然後迎牲，致陰氣也。蕭合黍稷，臭陽達於牆屋，
　　　　故祭奠然後焫蕭合羶薌。凡祭，慎諸此，魂氣歸于天，形魄歸于地。
　　　　故祭，求諸陰陽之義也。（〈郊特牲〉）

　　　　血祭，盛氣也。祭肺、肝、心，貴氣主也；祭黍稷加肺，祭齊加明
　　　　水，報陰也。取膟膋，燔燎升首，報陽也。（〈郊特牲〉）

故祭之用牲，以氣報氣，以魄報魄，各從其類。蓋建諸鬼神，求諸陰陽之義，
此就祭而言氣也。

二、陰　陽

　　〈郊特牲〉云：「魂氣歸於天，形魄歸于地。故祭，求諸陰陽之義也。」
又曰：「鬼神，陰陽也。」如依引文，則天地、陰陽似有宇宙論意味存在，尤
其以〈禮運〉所云更爲顯著：

　　　　故人者，其天地之德，陰陽之交，鬼神之會，五行之秀氣也。

實則依前文鬼神之氣所論，其旨在報本反始，教孝示順，以一己之道德實踐，
推本原始，即慎終追遠，民德歸厚之教，故將此明顯具有宇宙論、存有論之
章句，涵於實踐之道德形上學討論，方不致分崩離析，支解《禮記》所本之
至高義理原則。雖然，上引〈禮運〉之言，仍爲創生之說，以人言耳。特重
人之旨義，乃本上述道德實踐而言，天地之間，人最貴耳。《左傳》成公十三
年劉康公曰：「民受天地之中以生，所謂命也。」此言人之生，乃天地之德，
天命之也。以下言陰陽、鬼神、五行，皆氣也，亦足以反映當時宇宙生成論
之思想，唯不可單獨以氣化思想理解《禮記》之義理，今試就上述之進路解
說，〈祭義〉云：

　　　　昔者聖人建陰陽天地之情，立以爲《易》，《易》抱龜南面，天子卷
　　　　冕北面，雖有明知之心，必進斷其志焉，示不敢專，以尊天也，善
　　　　則稱人，過則稱己，故不伐，以尊賢也。

此明言聖人之用心，所以建陰陽天地之情者，在道德創造之用，非在衍述氣化之理論，此二者主從宜有分際，混言之，則義理扞格不通，不可不察。《中庸》云：

> 仁者，人也，親親爲大；義者，宜也，尊賢爲大。親親之殺，尊賢之等，禮所生也。

〈祭義〉又云：「是故慤善不違身，耳目不違心，思慮不違親，結諸心，形諸色而術省之，孝子之志也。」尊賢親親皆本乎心，故《禮記》原有一道德之心性系統涵攝一切禮所兼論及之宇宙論與存有論。今試論如下，《中庸》云：

> 鬼神之爲德也，其盛矣乎？視之而弗見，聽之而弗聞，體物而不可遺。

鄭玄注云：「體猶生，可猶所也。不有所遺，言萬物無不以鬼神之氣生也。」鄭注明說萬物爲鬼神之氣所生。所謂「體物不遺」者，蓋指生生之德，如孟子之本心直下加以擴充，由內而外，現於四體，背面，至乎上下與天地同流，萬物皆備於我。故《孟子》據此又云：「盡其心者，知其性也，知其性，則知天矣。」揭示盡心知性知天上達之道。《中庸》亦立一「誠」以盡性，盡人之性，進而盡物之性，贊天地之化育，與天地參之天命人性相貫通之道〔註16〕。又云：「君子之道，本諸身，徵諸庶民，考諸三王而不繆，建諸天地而不悖，質諸鬼神而無疑，百世以俟聖人而不惑。」〔註17〕此鬼神義當指前文所言逝去祖先之氣，與下文百世以俟聖人相對而言，泛指前人之經驗。君子本乎仁心之道，故可行於四海，通乎幽明，建諸天地，安於內外，所謂鬼神、陰陽、天地、五行之氣，皆在明此仁心之所感通，幽明無隔，非單獨說解陰陽、鬼神之氣，若不解此義，則《禮記》之氣說必支解、破碎而無意義。其論禮如此，論樂亦然，〈郊特牲〉云：

> 饗禘有樂而食嘗無樂，陰陽之義也。凡飲，養陽氣也；凡食，養陰氣也……飲，養陽氣也，故有樂；食，養陰氣也，故無聲。凡聲，陽也。

陽氣，魂氣也；樂者，聲氣也，故曰：凡聲，陽也。〈祭義〉以氣報氣，就死者而言。此則云以氣養氣，以聲氣、樂氣養魂氣，以氣能相感通也。故飲有

〔註16〕《禮記·中庸》，頁895，「唯天下至誠，爲能盡其性；能盡其性，則能盡人之性；能盡人之性，則能盡物之性；能盡物之性，則可以贊天地之化育；可以贊天地之化育，則可以與天地參矣。」

〔註17〕《禮記·中庸》，頁898。

樂而食無樂，以飲養陽氣，食養陰氣故也。就生人而論也。然樂之用非止於
此，〈樂記〉云：

> 地氣上齊，天氣下降，陰陽相摩，天地相蕩，鼓之以雷霆，奮之以
> 風雨，動之以四時，煖之以日月，而百化興焉。如此，則樂者，天
> 地之和也。

> 及夫禮樂之極乎天而蟠乎地，行乎陰陽而通乎鬼神，窮高極遠而莫
> 測深厚。

此所言陰陽二氣，有就宇宙自然而言者，有就人生命存在之形氣而言者，蓋
之以存在狀態之陰陽言，則陰陽之義由原始之寒煖，六氣中之二氣發展至此
涵創生作用之氣，其義蘊大致如此。和，乃萬物存在之至和諧狀態。樂代表
天地之和，本諸性情，故《中庸》曰：「喜怒哀樂之未發謂之中，發而皆中節
謂之和。中也者，天下之大本也，和也者，天下之達道也。致中和，天地位
焉，萬物育焉。」故〈樂記〉所載天地、陰陽、雷霆、風雨、四時、日月之
氣皆涵於此心之和，詩樂，心聲也。故樂之功可行乎陰陽通乎鬼神，以心感
之，以氣通之也。

三、魂　魄

〈郊特牲〉云：「魂氣歸于天，形魄歸于地。」〈禮運〉亦云：「及其死也，
升屋而號，告曰皐某復，然後飯腥而苴熱，故天望而地藏也。體魄則降，知
氣在上。」二者皆言氣，或言魂氣，或言知氣，其實一也。其義爲形魄待之
以生者，爲吾人之生命力也。然徵諸《左傳》，僅言魂魄，而不言氣。《左傳》
昭公七年載伯有爲厲一段，子產論曰：

> 鬼有所歸，乃不爲厲，吾爲之歸也。

> 人生始化曰魄，既生魄，陽曰魂，用物精多，則魂魄強，是以有精
> 爽，至於神明。

前文所論人死後曰鬼神，生時爲魂魄者，即本於此。蓋人之生也，魂魄并
生，非先魄而後魂也，以魂有質而無形，其行文所以先魄後魂者，在於尋魄
而知魂，其實兩者並生，無分先後。後世注疏家率以氣釋魂者，以氣爲流行
之存在，存在之流行，可得見者如在人噓吸之氣，《左》昭七年引文下孔氏〈正
義〉云：

> 人稟五常以生，感陰陽以靈，有身體之質，名之曰形；有噓吸之動，

謂之爲氣。形氣合而爲用，知力以此而彊，故得成爲人也。

此說明以身體之質有形可見，噓吸之動有氣可感，故合而爲人，孔氏〈正義〉引《孝經》說曰：

魄，白也；魂，芸也。白，明白也。芸，芸動也。形有體質取明白爲名，氣唯噓吸，取芸動爲義。

此更明白釋魂以動爲義，實泛眩人之自然生命所以活動之本然，非徒指噓吸之現象而已。然由之而推得芸動義則當可理解。既見有氣始生，無氣則死，是以有屬纊之舉〔註18〕，因其然而推尋其所以然也。《左傳》、《論語》言血氣，以建構一自然生命氣之觀點，已見於第二章之論述。〈檀弓〉所載魯召公二十七年，季札於旅途中葬其子，因論及魂魄，已兼及「氣」字，〈檀弓〉云：

骨肉歸復於土，命也。若魂氣則無不之也。

足徵〈檀弓〉作者已接受當時氣論之影響，〈檀弓〉成篇約在戰國中葉〔註19〕，故魂亦曰魂氣，其有關論述已見於本節鬼神部份，不再贅言。

《禮記》言禮，禮爲外在之形式，若其精神則根於人之眞生命、眞性情。因之，《禮記》論氣之方向，一如本節論述之鬼神、陰陽、魂魄者，無不以生命爲中心而展開。《論語》、《孟子》僅止於人生前之氣與道德修養而討論，其對象不外於己身，可求諸己者。《禮記》因其教化之本質，就「祭」而言，故就人死後之氣而討論，其對象初爲親者，其後始漸擴大爲尊者、賢者。以孝子之志致親者之氣，而立鬼神之說。用建陰陽之情者，陰屈而陽伸，其義有與鬼神同，復增益以創生作用及以形說陰、以氣說陽詮釋生命之存在，此陰陽之義又一發展也。

《禮記》作者立鬼神之義，乃基於人氣於死後仍存在之觀點，以其爲流於天地之間而無所不之，此點與《莊子》外篇以氣爲可超越形質而存在之觀點相同。所不同者，在於《禮記》所論述者，孝子可藉意志感通，因祭禮之制而致鬼神之氣。其根據除上述氣可存在於死後之觀點外，亦有鑒於人氣獨含性、識之故，性、識爲人獨有，而人人不同，此特異於萬物之氣者也，爲《莊子》外篇所未嘗論及。視人凸出於萬物之上，重人文之精神，正爲儒家思想本色，亦爲禮記精神所本。

〔註18〕　《儀禮・既夕禮》，十三經注疏本，藝文印書館，頁474，「屬纊以絕氣。」
〔註19〕　《禮學新探》，高師仲華著，學生書局，頁33，檀弓上第三。

第四節　《易傳》之氣論

　　《易傳》又稱十翼，乃說解《易經》爻辭之文字，據孔穎達《周易正義》所云，其內容如下：「上象一，下象二；上象三，下象四；上繫五，下繫六；文言七，說卦八，序卦九，雜卦十。」〔註20〕傳中雖有若干述及孔子曰之語，近人多已證實非孔子所作，且作者非止一人，資料亦經長期累積纂集而成，其早者可上溯與《左傳》成書同時，晚者則下逮於漢代初期〔註21〕。蓋非一時一人之作也。

　　《易傳》是否解經，今人亦有疑之者，其論中肯與否，不在本文論述範圍之列，姑不置評。要之，其爲儒學義理，出於孔門之傳，應無可疑。全書除晚出之篇義未相貫外〔註22〕，皆本孔子之仁教與聖證纂述，有一定之脈絡可循，足可代表儒學在先秦後期，秦漢之際理論體系發展之軌跡。

　　今考《易傳》中用「氣」字者凡五，其與氣相關如絪縕、陰陽等亦將一併論述。惟《易傳》中之氣義，無論其用以表達宇宙論或存有論式之陳述皆當涵於《易傳》仁教之義理系統下說之〔註23〕，此乃本節論述之基本觀點。

　　在討論《易傳》有關氣之義蘊之前，若無視於其義理乃依道德實踐而展開、證成，則必對《易傳》作平面、客觀之宇宙論或存有論之探討，其結論亦不能相應《易傳》之義理，此類支解約有下列三者：一、以《老子》玄理思想解釋《易傳》〔註24〕，或以釋氏之慧見說解，無論何者，皆未能契入《易傳》之本原，作相應之了解。二、視《易傳》爲單純之氣化論者，而作客觀知識之探討，誤以《易傳》爲客觀性知識書籍，乃爲迥不相侔之進路，殊不足取。三、或謂爲儒門後學之附麗，毫無義理系統可言〔註25〕。以上三者皆未深察之論，唐君毅嘗有相契之說明：

〔註20〕《周易》，十三經注疏本，藝文印書館，孔穎達〈周易正義序〉，第六，論夫子十翼，頁7。

〔註21〕勞思光，《中國哲學史》，卷二，頁76。

〔註22〕《心體與性體》（一），牟宗三撰，正中書局，頁299～305。

〔註23〕《易傳道德的形上學》，范良光著，台灣商務印書館，頁1，牟序，又本節易傳道德之形上觀念多取資本書，謹此說明。

〔註24〕王弼、韓康伯注即以玄理思想解釋《易傳》思想。

〔註25〕見《讀經示要》，熊十力著，廣文書局，卷三，頁87，《易學新論》，嚴靈峯著，正中書局，頁178。

其思想似純爲一形上學爲先，以由天道而人性之系統……《易傳》之文，尤似皆爲結論，而未嘗言其何以得此結論。陰陽、乾坤等所實指者爲何？何以先道而後善而後性？更難得其實解。此則仍須有入路以通之。此入路，吾意是仍須先在吾人之道德生活之歷程上，及吾人如何本此心之神明，以觀客觀宇宙變化上，有所取證。〔註26〕

要之《易傳》之文，可合以表現一「隨處在自然之場合中，發現有自然物之德之凝聚，而啓示人以某一德行上之意義」之教。此即可形成一人之觀自然界之物之相感之一態度。人能時時保此態度，則人不特可學于詩書禮樂等由歷史傳來之人文，亦可隨處學于自然，而見於自然之變化無非教。如《禮記・孔子閒居》篇載孔子語：「天有四時，春夏秋冬，風雨霜露，無非教也。地載神氣，神氣風霆，風霆流行，庶物露生，無非教也。〔註27〕

由是可知《易傳》乃由道德意識之進路，本此心之神明，以觀客觀宇宙之變化，其宇宙論，必涵於此神明之察見，方不致剝落爲赤裸之自然，誤解《易傳》爲原始科學叢書。換言之，《易傳》所載宇宙論章句，宜自一道德創造之存有論之超越觀點論之。是以牟宗三先生云：

故儒家道德哲學之有形而上的意義與宇宙論的意義，必依踐仁知天之圓教而理解始不誤，一離乎此，則迷茫而亂矣。〔註28〕

《易傳》所言者既爲一形上學，亦兼及宇宙論，故《易傳》中每雜有宇宙論之章句，此即爲後世依以解釋爲氣化宇宙論之所本。《易傳》中所載萬物生成終始，宜自道德實踐規定之，故凡所事物之相反相成，《易傳》亦非純以客觀事實視之，乃經由精神辯證立場所察照者，若徒重視寡頭之物勢流變之機栝，其不落入氣化唯物說者幾希。今依上述道德實踐之進路解析《易傳》有關氣之章句。

一、精氣爲物

〈繫辭傳〉云：

《易》與天地準，故能彌綸天地之道。仰以觀於天文，俯以察於地

〔註26〕《中國哲學原論》，原性篇，唐君毅，頁70～71。
〔註27〕《中國哲學原論》，原道篇二，唐君毅撰，頁705～708。
〔註28〕《心體與性體》（一），牟宗三撰，正中書局，頁232。

理，是故知幽明之故；原始反終，故知死生之説；精氣爲物，游魂
爲變，是故知鬼神之情狀。（第四章）

「易與天地準」唐孔穎達疏云：「自此以下廣明《易》道之美，言聖人作《易》，
與天地相準，謂準擬天地，則乾健以法天，坤順以法地之類是也。」孔氏此
疏甚善，以乾健坤順爲《易》道綱領，以道德實踐體證天地之德曰健曰順，
由是而論，仁道之實踐，無不滿於天地之間，惟能盡道者能證之，以下幽明、
終始、死生、鬼神，無一非攝於乾坤之德，由實踐而充份證成其眞實內容。
朱熹注則忽略此，其注云：「此窮理之事。以者，聖人以《易》之書也。《易》
者，陰陽而已。幽明、死生、鬼神皆陰陽之變，天地之道也。天文則有晝夜
上下，地理則有南北高深。原者，推之於前；反者，要之於後。陰精陽氣，
聚而成物，神之伸也；魂游魄降，散而爲變，鬼之歸也。」〔註29〕朱子以之
爲「窮理」（窮事事物物之條理）之事，則其注不切可知，若順朱注，則引文
內容終其極亦止於客觀之氣化過程，可統於「生滅變易」之自然過程義即足，
何勞論乾健坤順，生生之德？故若逐句訓詁，「精氣爲物，游魂爲變」二句，
雖全以形下之精氣說明宇宙化生，然貫通上下文，連於幽明、終始、死生、
鬼神以說之，則必不能止於字面之氣化義，乃欲以氣化之通變無方，指點吾
心仁體實踐之感通無礙，《易》之乾坤有全體大用所顯示之比喻，是以知《易
傳》以道德創生涵攝氣化論，故其「氣化論」之內容實爲「仁體感通」之內
容。「知幽明死生之故」乃因有超越之神明之知以知，此神明即爲道德實踐之
仁體，知乎此，則道德秩序即宇宙秩序，此〈繫辭〉下段所云：「與天地相似，
故不違；知周乎萬物而道濟天下，故不過，旁行而不流，樂天知命，故不憂。
安土敦乎仁，故能愛。範圍天地之化而不過，曲成萬物而不遺，通乎晝夜之
道而知，故神無方而易無體。」始能通透其義理而無滯。如上所述脈絡檢視
之，則王弼、韓康伯所注「精氣游魂」一段，亦未扣緊仁道實踐而論，只作
平面展開之注，其注云：

　　精氣烟熅，聚而成物，聚極則散，而遊魂爲變也。遊魂，言其遊散
　　也。

　　盡聚散之理則能知變化之道，无幽而不通也。〔註30〕

「精氣烟熅，聚而成物，聚極則散」，就字句上言與《莊子》「氣聚則生，氣

〔註29〕《易本義》，朱熹撰，河洛圖書出版社，頁 577。
〔註30〕《周易王弼注》，十三經注疏本，藝文印書館，頁 147。

散則死。」〔註31〕之死生一氣說並無二致，故順此以注，乃依其玄旨所必然有之結果，囿於時代風氣與思想立場之故也。故此注亦未能徹盡道德實踐所涵之體用義，無與於德性實踐之眞正本質，與指證實踐進路之具體內容。

二、陰陽之道

〈繫辭傳〉云：

> 一陰一陽之謂道。繼之者善也，成之者性也。（第五章）

韓康伯注此段文字，以《老子》「有無」之思路解「一陰一陽之謂道」之「道」爲「無」〔註32〕，乃不解《易傳》天道性命相貫通之義理所致。朱熹注則較近其實，其注云：「陰陽迭運者，氣也。其理，則所謂道。」〔註33〕故陰陽爲二氣之名，其義乃由《左傳》之六氣逐漸歸約而成，且具有宇宙論之意義，雖有創生作用，其爲氣之名也仍舊貫。所以「一陰一陽」者，《易傳》之謂「道」，朱子謂之「理」。朱注在其「理氣」思路下，釋「道」爲「理」，恐猶未能盡其義蘊，蓋理僅能表道體之存有義，未能同時展示其活動義，此朱注之限制。依《易傳》之義旨，道爲即存有即活動、即體即用者，非僅就虛靜義釋理之存在，必藉具體之氣所顯示之變化乃可見，以表示道之流行終始，道即因此變化過程而朗現。由此知「陰陽不測之謂神」「神也者，妙萬物而爲言者也」「神无方而易无體」〔註34〕此不測、无方、无體、神妙之道體，即「天命流行」義，亦即《詩》所謂「維天之命，於穆不已」之不已天命，則此《易》道之義頓可通於〈中庸〉「天命之謂性，率性之謂道。」貫通以觀，《易傳》天道性命相貫義理即時朗現，如此，則後二句「繼之者善也，成之者性也。」亦可據以了解而不誤。韓康伯於此二語皆無解，以其思路不相應也。

乾初九〈文言〉曰：

> 初九曰：「潛龍勿用，何謂也？」子曰：「龍德而隱者也。不易乎世，不成乎名：遯世无悶，不見是而无悶；樂則違之，確乎其不可拔，潛龍也。」潛龍勿用，下也。潛龍勿用，陽氣潛藏。潛之爲言也，隱而未見，行而未成，是以君子弗用也。

〔註31〕《莊子・知北遊》：「人之生，氣之聚也。聚則爲生，散則爲死。」《莊子集釋》，頁733。
〔註32〕同註30，頁148。
〔註33〕同註29，頁579。
〔註34〕同註30，分別見於頁147、149、184。

「潛龍勿用」爲乾卦初九爻辭。潛龍爲乾初九之「象」,「勿用」爲占。乾元天道,依前述之道德創造論之,可無限展示體用不二之玄義。「體」即仁德本心,「用」爲客觀事物之存在,涵主客爲一之圓教,即主觀仁德之證成,亦客觀天道之成物流行。《易經》各卦爻之間,無一非天道仁體之大用流行。然此仁體非虛靜之存有,必外通以成就物我,〈繫辭傳〉十一章云:「備物致用,立成器以爲天下利。」乃創制立教以有爲,此有爲以德爲本,德在己,用在外。故龍,乃乾建之仁體,不可須臾離,顛沛必於是,造次必於是,人不知而不慍,此仁德確乎不可拔也。陽氣,李鼎祚《周易集解》引隋何妥《周易講疏》:「此第三章,以天道明之。當十一月,陽氣雖動,猶在地中,故曰潛龍也。」(卷一,頁6) 此客觀之象也,指時與位皆未能致用,涵於德言之,則謹修內德,弗求致用也。故《程傳》云:「方陽微潛藏之時,君子亦當晦隱,未可用也。」〔註35〕便得此意。

三、聲氣相從

乾卦九五〈文言〉曰:

> 九五曰:「飛龍在天,利見大人。何謂也?」子曰:「同聲相應,同氣相求,水流濕,火就燥;雲從龍,風從虎,聖人作而萬物覩,本乎天者親上,本乎地者親下,則各從其類也。」

《易程傳》云:「五以龍德升尊位,人之類莫不歸仰,況同德乎,上應於下,下從於上,同聲相應,同氣相求也。流濕就燥,從龍從虎,皆以氣類,故聖人作而萬物覩。」〔註36〕孔穎達《周易正義》引莊氏云:「本受氣於天者,是動物含靈之屬。天體運動,含靈之物亦運動,是親附於上也。本受氣於地者,是植物无識之屬。地體凝滯,植物亦不移動,是親附於下者也。」〔註37〕此「氣」《程傳》云「氣類」是也。各從其類,氣命之同類者也,如流濕就燥,從龍從虎;動物含靈之屬,植物无識之屬是也。《呂氏春秋·精通篇》云:「聖人南面而立,以愛利民爲心,號令未出而天下皆延頸舉踵矣,則精通乎民也。」精,氣之精者也。乾德在位,仁體發用,此以愛利民爲心之仁心也,人莫不歸仰,以同德也,人人皆有善心,感而遂通,此言氣之感通相求,指仁心之所同也,即象言體,故〈繫辭傳〉第七章云:「是以君子將有爲也,將有行也,

---

〔註35〕《易程傳》,程頤撰,河洛圖書出版社,卷一,頁16。
〔註36〕同註35,頁14。
〔註37〕同註20,頁15。

問焉而以言。其受命也如響，无有遠近幽深，遂知來物，非天下之至精，其孰能與於此。」成其大人之德，將以有爲於天下，有愛利人民之行，則此仁體感而通天下之故。在象而言，氣致之也；就體而言，仁心將以有爲也，後者可涵攝前者，此《易傳》之義理系統，未可拘泥章句也。

四、剛柔感應

咸卦〈象〉曰：

> 咸，感也。柔上而剛下，二氣感應以相與，止而說，男下女，是以亨利貞，取女吉也。天地感而萬物化生，聖人感人心而天下和平，觀其所感，而天地萬物之情可見矣。

此山澤通氣也，二氣感應；天地感而萬物生，此中含有宇宙論之陳述，天地萬物之情可見，乃存有論之陳述，然皆以道德主體證立其無限之作用意義，其內容爲：剛柔二氣爲天地可得而見者，此爲客觀者，聖人之心感人之心，此爲主觀者。《程傳》云：「既言男女相感之義，復推極感道，以盡天地之理。聖人之用天地二氣交感而化生萬物，聖人至誠以感億兆之心，而天下和平，天下之心所以和平，由聖人感之也。觀天地交感化生萬物之理，與聖人感人心致和平之道，則天地萬物之情可見矣。」（卷四，頁 275）程頤亦以男女相感，剛柔之義，客觀之象以推極感道，以盡天地道體之客觀內容，復以聖人之至誠，盡其主觀之內容。此以道德創造爲宇宙創造，爲可察見者。馮友蘭解爲：「以個人生命之來源爲根據，類推萬物之來源。」又云：「皆根據男女兩性對於生殖之活動，以說明乾坤。」〔註 38〕此乃馮氏囿於客觀宇宙論之路數，支解《易傳》之義理，於《易傳》道德形上之超越性無所知，遂自外於《易傳》之義理也。

由上之陳述可知《易傳》之氣論，已融合《莊子》外篇以下之論氣形態。由其論述精氣變化，陰陽流行，氣類相從及剛柔之氣可推知，其論述氣之種類已超過前此各家之論述。其義並未出於《莊子》外篇之氣化流行義，及《管子》、《呂覽》之感應義〔註 39〕。猶於形下之氣化流行，並未入於漢人氣化宇宙論之界域，故其論道之內容，除主觀道德仁體外，客觀者則指自然規律運行之道，尚未將創生萬物之道之內容規定爲氣也。

〔註38〕《中國哲學史》馮友蘭撰，頁 464。
〔註39〕見本文第四章第五節，《呂氏春秋》之氣論。

第四章　氣之自然性論述

第一節　自然義之確立及其論述之成立背景

一、自然義之確立

「自然」一詞多義，今可大別爲三：一曰自然世界（Nature）之自然；二曰西方哲學自然主義（Naturalism）之自然；三曰老莊哲學之自然。

所謂自然世界者，泛指宇宙事物之總體，涵蓋生物、非生物而言，包括宇宙事物之原始本質，非人力所能措意者，及物質現象之總和，恆可作爲希臘哲學家探究宇宙原始及生成之對象者。西方哲學之自然主義則以「自然」作爲解釋存有之最重要或甚且以之爲唯一之觀點，其說近似唯物論。或以精神現象即物理作用過程之延續，故認爲一切精神現象皆不外自然科學範疇之規律法則，宇宙全體可經由此道而闡明，以純物理、機械法則解釋，此說與騶衍之自然觀頗有相似處。上述之自然義，伴隨西方宗教立場言之，皆在上帝所創造之有限範圍內，與超自然（Super-Nature）之上帝相對，此西方哲學系統之自然義也。老莊所言之自然，爲人內在之精神境界，即自由自在，自己如此，逍遙無待精神獨立之境界，郭象注《莊子・逍遙遊》云：「自然者，不爲而自然者也。」即深得此義。前二者所言之自然，皆落於有待，有所依待即無法自由自在，非老莊之自然也。本章所論述之「自然」義，兼論上述三說，然未必謹嚴如此。其中老莊，《管子》〈內業〉、〈心術〉，屬老莊之自然義，《管子》、《呂氏春秋》之感應說，及十二紀所言之氣皆屬自然現象義；騶衍所言「五行之氣」則近於西方自然主義之說法。以上就各家之性質大略分

之，其實所涵未必盡同，蓋當時未必有如此嚴格之界定也。爲論述方便故，統歸於「自然」義下說之。

二、氣之自然性論述之成立背景

先民農耕，最早措意者，自然界之風、雨、雲也，乃緣於其與生活相關之密切性，已見於第二章論述。蓋有見於地面水汽上升爲雲、霧等自然現象，風、雨又恆相連出現，《詩經》時代已有明確之記載，至《莊子》內篇則有大塊噫氣爲風之比喻，雲氣之名亦同時出現，足見氣之概念與生命之呼吸、自然界之流行有不可分之關係。自然現象與生活有關，故典籍記載屢見不鮮，《管子》四時，《呂氏春秋》十二紀皆已有系統之記載，後者所記尤詳。

《老子》書所載之氣，仍屬素樸、原始之義，將萬物本然存在之狀態以冲虛之氣釋之；就修養而言，則納入其思想系統下，言專氣致柔，回返生命質樸之狀態。《莊子》內篇承《老子》之說，更見修養功夫之縝密，及體道境界之詳盡論述。外、雜篇則言一氣流行，玄同死生，皆扣緊其人生哲學而立說。自此展開由氣所形成之精、神修養傳統，別立一異於孔孟言心、性之傳統，下及於《管子》及《呂氏春秋》，將於本章分別討論之。

本章論述之自然義，以老莊所說者爲主，間有取諸《管子》、《呂覽》，亦限於以老莊思想爲歸趨者。除自然現象說有承於古義外，亦兼述及騶衍之五行之氣，以其取資自然界之五類物質而爲說也，併附於後。

第二節　《老子》書中之氣義

老子身世及成書年代如迷，蓋以載籍淪燬、世代湮久故也，至漢時司馬遷已莫之能辨〔註1〕。因此，與莊子其人之年代與思想關係亦料纏不清。老莊二書撰成年代先後，亦猶其人，遂使兩千年來讀其書者，率莫詰究竟。或疑其人之先後非書之先後；或疑書之先後非思想之先後，近世辯之者蓋眾矣〔註2〕，顧所爭者愈多而能斷者愈寡，誠以文獻不足、易疑而難徵故也。理解

〔註1〕《史記》卷六一三，〈老莊申韓列傳〉第二，藝文印書館。其文多云：「莫知其所終」「或曰」「蓋」「或曰非也」「世莫知其然否」用語已多疑臆之辭，頁858～859。

〔註2〕有關此題之論辯，民國以來嘗提出意見之學者計有梁啓超、張煦、張壽林、唐蘭、高亨、黃方剛、錢穆、張蔭麟、馮友蘭、張季同、羅根澤、顧頡剛、葉青、譚戒甫、馬敍倫、張福慶、熊偉、郭沫若等人。其文見《古史辨》冊

老子思想之史實客觀憑藉既失，本文旨意原不在涉此公案，亦不擬涉諸史實之考徵，乃以直訴於內部思想之方式作一省察，茲為行文之便，先作下列說明：一、本文以老莊著作中之思想為討論對象。二、老子年代略先於莊子。如此，本文輒據《老子》四十二章萬物存在之氣，與第十章、五十五章有關養生之氣，分別陳述。

一、萬物存在之氣

《老子》四十二章：

> 道生一，一生二，二生三，三生萬物。萬物負陰而抱陽，冲氣以為和。

　　本章為老子宇宙論之重要陳述，其中道、氣之解釋，亦最足以左右對老子宇宙論之理解。故欲探究「氣」居於老子思想之何種層次？宜先考察老子思想之內部義理，方可作相應之把握。若欲考察老子思想之內涵，自宜經由理解「道」之涵義入手。對本章之道有確當之了解，其次則省察一、二、三所代表之內容與彼此之相關性，進而再追究道生一，一生二，二生三及三生萬物之「生」作何解？如此，則可綜觀萬物與氣之相關意義。

　　本章「道」之涵義，歷來有釋之以「氣」者，如此，則頓使老子之宇宙論與漢人之氣化宇宙論連成一系，而成為漢人氣化宇宙論之先驅。漢人釋氣之義，就氣化宇宙論之氣言之，已有別於生命血氣之義或自然流行之義，而作為物質元素之通稱，至是已落入古典唯物之解釋。此義是否即為《老子》之正解？仍可再作討論。復因本章對氣之觀點，實關聯著《莊子》外篇，《管子》〈心術〉、〈內業〉，及《易傳》、《禮記》對氣之解釋，故不可不察焉。

　　欲明白以氣釋道之說，必先知何謂「氣化宇宙論」？質言之，天地萬物之生，必有其所以生之總原理，此總原理名之曰「道」，此道之內容如以氣規定之，即謂之氣化宇宙論。首先以此觀念解釋《老子》本章者為河上公，其解釋乃以「萬物負陰抱陽，冲氣以為和」作為反解上文「道生一，一生二，二生三」之依據，其注云：

> 道始所生者，一也。一生陰與陽也，陰陽生，和氣濁，三氣分為天地人也，天地人共生萬物也。

四、冊六。近人徐復觀、勞思光、王邦雄等亦陸續表示不同之意見，其說見於《中國先秦人性論史》、《中國思想史論集》、《中國哲學史》及《老子哲學》等。

如據注文，則河上公以「道始所生者，一也。」解釋「道生一」；以「一生陰與陽也」解釋「一生二」；以「陰陽生，和氣濁」之陰、陽、和三氣解釋「二生三」；以「三氣分爲天地人，天地人共生萬物也」解釋「三生萬物」。若以陰陽爲二氣，則生陰陽二氣之「一」，順河上公以下文反解上文之思路，亦應由陰陽之氣反上去規定「一」之內容爲渾一未判之氣，則始生之「道」，即爲此渾一之氣所從出之根源所在。如此，道之內容仍屬氣，河上公名之曰「精氣」，此解見於其注《老子》二十一章：

> 道唯窈冥无形，其中有精，實神明相薄，陰陽交會也。言道存精氣，
> 其妙甚眞，非有飾也。

若將此注之「道存精氣」「其中有精」參合觀之，則知道含精氣，再與四十二章注合觀，可推知河上公之意爲：道本含精氣，精氣渾一未分，則道與一同質，唯名稱不同耳。道就其爲生物之元素而名之；一乃就其質之未分，仍爲全一之體而稱之。精氣下判爲陰陽二氣，陰陽二氣和則生濁氣，共爲三氣，由此創生天地人，再由天地人共生萬物。姑不論河上公爲何以天地人爲萬物之本？天地人如何生萬物？如此一氣下貫之說法，其爲氣化宇宙論之解釋進路也甚明。河上公之後，歷來亦有若干注釋家循此路數說解本章〔註3〕，雖方式不盡相同，要皆以陰、陽等氣之作用解釋道生萬物，各家賦予道之名未必一致，然不論其如何排比，道與一之內容必仍爲氣屬。今僅以河上公爲代表，討論此類說法有何理論上之困難？

　　老子論道與物之關係，乃以道爲物之生成原理，物以道爲超越之根據，道與物乃不同之二層次，〈五十一章〉「道生之」與〈四十二章〉「三生萬物」，已明顯區分之。如此，則萬物屬於物之層次，三以上之道，一、二、三爲同一層次，同屬於道之發用，故一、二、二皆屬於道。因此，則一、二、三任一項解釋爲氣，其義皆作爲「氣生之」或「氣生萬物」。嘗試究之，以氣釋道何以不可？

　　無論將道釋爲元氣或精氣，其爲構成物質之元素則爲一致，仍屬於物，論述雖或極言精微，仍必占有一定之時空單位，爲有形體者。既有形體，則不得謂之「無」，而必然爲「有」。既爲有，則成爲認知之對象，可予以定名，如此，證之於《老子》首章「道可道，非常道；名可名，非常名。」則落入非常道，非常名之層次，與常道常名顯然無法同位。其次，若道爲氣，不論

〔註3〕具代表性者有李息齋、范應元、高亨及嚴靈峯等人。

其如何細微以至於無形，亦僅屬於形之可察與難以察覺而已，非表示無或與氣異質。氣交和爲物，則道與物非屬於質上之差異，乃屬於氣之有形、無形及厚薄精粗程度之分別而已，據此而論，道與物顯然同爲氣之層次，則道落於形而下，不得謂爲超越，亦不能作爲生物之根據，以其同於物也。若道爲氣，則一亦爲氣，屬於物之存在，證之於《老子・三十九章》「昔之得一者，天得一以清，地得一以寧……」〈二十二章〉「聖人抱一以爲天下式」，〈第十章〉「載營魄抱一」之「一」，皆作得氣、抱氣解，則天地得氣以清寧，天地爲萬物之總稱，屬於物，今又得屬於同層次之物，欲令其可清可寧，實窒礙難通。又抱一解作「抱氣」，更不知所指何義？

其次，再考察「負陰抱陽」之陰陽二字，是否必作創生之氣解？陰陽本義爲山之南北，向陽背光之義，與是否受日照射有直接之關係，因而引申出陰闇、明朗，天氣寒煖等相關義。至《左傳》始將之與「風雨晦明」並稱爲六氣。風雨爲自然現象之流行，晦明代表晝夜，指陰闇與明朗之義，故陰陽若解爲陰闇、明朗，則義有複沓，此義當指寒煖，將自然界六種流行變化現象以氣稱之，乃氣義之擴大，本文第二章已有詳細之說明。是以陰陽雖爲二氣之名，仍爲具體可見之自然現象，且與人之生理有關，《莊子》內篇〈大宗師〉曰：「陰陽之氣有沴」即用此義。氣之初義爲血氣、氣息、辭氣等生理或其所作用之生命現象，至孟子論浩然之氣、志氣則指道德或意志之精神現象，《莊子》內篇之氣義，仍屬於自然現象、生理或精神之生命現象義〔註4〕。皆屬於形下層次。因此，《老子》書先於《莊子》，陰陽二氣初亦不必解作生成萬物之基本元素。陰陽二氣作爲生成萬物之元素解，此義是否自老子創始，徵諸其書中三處「氣」義，皆無明確之顯示，就時代上考察，可旁徵前述所引之《孟》、《莊》內篇各書，亦難以確定即爲老子始出。且若以氣釋道，又有前文所論之困難，於義理不暢。故就資料而論，本章不擬採氣化論之解釋。

〔註4〕 錢穆云：「此章言伏羲、黃帝、顓頊云云，似頗晚出。崔本列星以下，尚有其生無父母、死登假三年而形遯、此言形之無能名者也，凡二十二字。蓋郭象疑而刪之，而不知其全章皆可疑也。」見《莊子纂箋》，頁52。陳鼓應以爲：「(狶韋氏得之……而比於列星) 這一節神話，疑是後人添加，亦無深意，無妨刪去。施天侔著《莊子疑檢》，已認爲此節非莊周之學。」見《莊子今註今譯》，頁201。案：此段文字中有「氣母」二字，非但不類於內篇之氣義，亦頗晚於外篇之流行義，而具有化生之義，與《管子》精氣之義相似，就《莊子》書而言，其出現頗爲突兀，今錢、陳、施氏既疑其晚出，今從之。

　　由上之辨析，不宜探氣化論之解釋。則《老子·四十二章》究竟以何者
爲正解？可由老子義理之發生義考察，進而索求本章可能之解釋。若就先秦
諸子思想之發生意義理解老子，則知其思想絕非憑空架構，必爲相應時代與
生命所出調適之主張。老子所處之時代背景乃針對周文疲弊，並反省個人生
命存在之不自由，而首出「無爲」之概念。「無爲」即爲消解一切非自生命本
然所發出之造作，企求回歸至自己生命之原來面目，本來如此之無待無執，
精神絕對逍遙之境界，此狀態謂之「自然」，爲精神修養之最高境界。「無
爲」進而抽象化，普遍化爲「無」，屬工夫論之意義，爲去除一切虛僞造作、
依待與僵化之形式，向上提昇，達到「自然」之精神境界，此爲老子「道」
之第一義。以此觀之，「自然」之涵義乃經由生命主體實踐而驗證之境界，即
爲道之眞實內容，其基本義，乃以無爲本或以「無」直接呈現。就〈四十二
章〉而言，乃以分解方式展現道之涵義，可與首章對顯，以明「道生一，一
生二，二生三」之義。道生一，如上述之言，「一」即爲道之無相。然道不
能、永遠停住於無，若如此，則無法發用，故道亦爲有，無唯通過有之徼向
方能作用於物，而顯發其通靈無礙之妙用，此以無凸顯有，而顯一「有」
相，此爲「一生二」。「無」「有」皆爲道相，相對相生，各以妙徼顯示道之作
用；同出於道，又渾一於道，由無而有，由有而無，有無相生，顯示玄同之
「玄」相。道不僅爲超越者，亦通過有、無二者之渾然相成，以成就其創
生萬物之妙用。玄乃玄同有無，以成就其具體眞實之作用，故玄爲三，三始
言生萬物也，玄屬於道，又有具體生物之功，而爲「眾妙之門」。此中實含
辯證發展之過程，如此則「道生一，一生二，二生三，三生萬物」順適可
解。〔註5〕

　　既已知一、二、三爲無、有、玄之義，再檢別「生」之意義爲何？由前
述老子之發生義觀之，道之生萬物，並非「創生」「能生」或「生出」之生，
乃爲「不塞其原也，不禁其性也。不塞其原，則物自生」之生〔註6〕，「天地

〔註5〕　本節《老子》四十二章釋義，頗取資於胡以嫺氏之觀點，其就老子原書取證，
　　　　論辯堅強，足以成說。見所著〈老子形上學之義蘊〉，《中國文化月刊》四十
　　　　七、四十九期，東海大學出版。

〔註6〕　王弼《道德眞經註》，無求備齋老子集成，嚴靈峯編，藝文印書館。《老子》
　　　　第十章注「生之、畜之，生而不有，爲而不恃，長而不宰，是謂玄德。」其
　　　　文云：「不塞其原也，不禁其性也。不塞其原則物自生，何功之有；不禁其性
　　　　則物自濟，何爲之恃。」卷一第六。

任自然，無為無造」之造〔註7〕，「天地無心而成化」之化，猶今言「成就」也。此為老子道生萬物「生」義之確解。亦為「三生萬物」之「生」義所在。至於「道生一，一生二，二生三」之「生」，以其同屬於道，而為道顯發道相，以示道之作用，故此三「生」字，乃為道之作用「呈現」義，就人之可見而言，乃「呈現」之「生」，而非「生有」之生。

以氣釋道既於老子思想系統有前述之困難，則不宜就「萬物負陰而抱陽，冲氣以為和。」反解上文道生一乃至於三生萬物，然則此句宜作何解？由前文析論得知，物與道之層次有別，故此句乃說明萬物存在狀態，屬於物之層次，氣亦同屬於形下之層次，並以形上之道作為其存在之依據，而不必以氣反上去規定道。陰陽之義仍可順《左傳》六氣之說解為二氣，不過老子特獨立於六氣之外言陰陽二氣而已，且以之遍言萬物存在狀態，不止於言自然現象。陰陽二氣調和作用，在玄同妙用中，自生自濟，以氣之冲虛調和，於是形成萬物有形之存在，而道為其超越根據。陰陽交通，和諧作用以成萬物，道自亦遍在於萬物之中，使氣虛以作用成就萬物之生長，道亦以此顯其玄同之妙用，物亦順道之作用而自然生長。故陰陽二氣不必非解為生物之二元素不可。萬物之存在莫不向陽而背陰，因此有寒煖、陰闇之面，引申有正反作用，物之向背之狀態，以此解「萬物負陰而抱陽」亦無不順適之處。「冲氣以為和」之冲為「虛」之義、為狀詞，形容氣本然存在之狀態，萬物亦因此冲虛之氣而得成其為「和」，此氣即自然流行無礙無滯，順陰陽固有六氣之義，處於和諧自然之狀態。氣義亦由此可知。以上就萬物而言氣，《老子》書另有就人而言氣者，亦與此相貫通，唯已落在生命修養上言。

二、修養之氣

老子論修養功夫，即在於如何把握生命本然狀態——冲氣以為和，將後天因素造成之所有不自然之束縛，一一化除之。因人一受以成形，恆有自然生命之紛馳，心理情緒之無常！意念之造作等不自由、不自在。老子以為凡令生命產生痛苦者，皆超過自然之性分，必須去除，以回歸於生命本然之狀態，此之謂「歸根復命」。根者，生命之本然，命者，生而即有者也。此本然之層次，老子常以和、柔或嬰兒形容之，其修養論亦由此展開。第十章云：

〔註7〕同註6「天地不仁，以萬物為芻狗。」〈五章〉注卷一第三。

> 載營魄抱一，能無離乎？專氣致柔，能嬰兒乎？滌除玄覽，能無疵
> 乎？

人之生命狀態營營碌碌，順守自然之原則，期於生命不歧出紛馳，造作，故
云「能無離乎」〔註8〕。「專氣致柔，能嬰兒乎？」王弼注云：「專，任也；致，
極也。言任自然之氣，致至柔之和，能嬰兒之無所欲乎？則物全而性得也。」
〔註9〕「至柔之和」爲氣之本然狀態，即「冲氣以爲和」之和，乃老子描述生
命深層精神狀態之「虛靜」，所謂「致虛極，守靜篤」〈十六章〉是也。「嬰兒」
爲老子形容修養達於「氣和」之比喻，說明生命無欲、無知之全性狀態。當
此之時，內心虛明如鏡，塵垢（意念、造作）盡除，其鑑物也則如實呈現，
無一絲毫之不清楚、不明白，此之謂「滌除玄覽，能無疵乎？」至此已落於
用上言，說明氣之能和，則能用心若鏡，如《莊子・天道》篇所云：「聖人之
心，靜乎天地之鑑，萬物之鏡也。」是以能不將不迎，應而不藏；勝物不傷，
不爲物累，保住生命之本眞，此專氣致柔之功也。

《老子》五十五章云：

> 知和曰常，知常曰明；益生曰祥，心使氣曰強。物壯則老，是謂不
> 道，不道早已。

老子言氣之正面修養已如前述，若能知守純和之氣，則可保住生命之自然，
體現道之境界，能知常道者在此大清明之心，能體現常道者亦在此大清明之
心，故曰「知和曰常，知常曰明。」若不順守自然本性而縱欲貪生或馳騁生
理意念，必然不祥。生命本然之氣若逐此意念而外馳，必悖反其柔和之本質
而使氣趨於剛強，物性剛強則不能久，以其背離自然之原則也。精神修養不
可落於逐物之層次，老子在此辨之甚明。不能守住「純氣」之精神層次，乃
因人之心智、感官逐於物而作無限度之任使，故「強」「柔」同屬於精神修養
之層次，始有價值判斷可言。此無限度之任使曰「強」，以後天之心智使氣，
執於外而不反，亦曰「強」，凡此強行以志，勝人以力，皆於外有待，以其執
於對象也，非求諸己得諸己者，爲後天心智之執著任使，必致於生命之本眞
因外逐強使而去離守柔之道，《老子》書中常言之：

> 五色令人目盲，五音令人耳聾，五味令人口爽，馳騁田獵，令人心

〔註8〕《老莊思想論集》，王煜著，聯經出版公司，頁255「載營魄抱一無離」一文。
　　　及《老子校釋》朱情牽撰，里仁書局，頁24，第十章校釋可資參考。
〔註9〕王弼注《老子》第十章注卷一第五。

發狂。(〈十二章〉)

不知常,妄作凶。(〈十六章〉)

寵辱若驚,貴大患若身。(〈十三章〉)

感官、心智任一背離生命本然之常,皆有罹凶患之可能。老子「致柔」工夫指點在於「重積德」;對治負面之執著、有為,則在於「絕」「無」之工夫。第〈五十九章〉云:

治人事天莫若嗇。夫唯嗇,是謂早服,早服,謂之重積德。

此章之義《韓非子》解之甚諦:「所謂治人者,適動靜之節,省思慮之費也;所謂事天者,不極聰明之力,不盡智識之任也。苟極盡則費神多……聖人之用神也靜,靜則少費,少費之謂嗇。……夫能嗇也,是從於道者服於理也。……知治人者其思慮靜,知事天者其孔竅虛。思慮靜,故德不去;孔竅虛則和氣入,故曰:「重積德」〔註10〕苟極思慮則費精神,收斂精神,凝聚不散,除去人為計較之仁、聖、財、貨、名、利而止於靜,歸諸自己之本然。早服於道,謂復命於沖虛之和。因老子不正面對成德、成器作討論,而在於予以作用之保存,惟有藉此反省,方能成就真正不二之道德與真實之人生。老子的工夫實踐重消解,從作用層入,然其論氣則從生命之氣的自然,純粹處顯,從實有層說。故老子於學、聖、智云「絕聖去知」「絕學無憂」「為道日損」損之又損,以至於無為。損去心智之凝滯、紛雜、執著、擬議、算計而歸於生命之本然。「生命之本然」即純氣之守,神明之所自出,故《莊子‧天下》篇稱老子云:

以本為精,以物為粗,以有積為不足,澹然獨與神明居。

專氣致柔所能至之境界,乃一無為之精神境界,老子常以「嬰兒」、「赤子」〔註11〕喻之。此境界如何體現,老子亦嘗有詳盡之描述,〈五十五章〉云:

含德之厚,比於赤子。毒蟲不螫,猛獸不據,攫鳥不搏。骨弱筋柔而握固,未知牝牡之合而朘作,精之至也。終日號而不嗄,和之至也。

以嬰兒、赤子喻生命之氣未判,乃全幅生命之精純,精神處於此沖和之狀態

〔註10〕《增訂韓非子校釋》陳啟天著,臺灣商務印書館,第八卷解老,頁736。

〔註11〕《老子》第二十章「我獨泊兮其未兆,如嬰兒之未孩。」第四十九章「百姓皆注其耳目,聖人皆孩之。」第二十八章「常德不離,復歸於嬰兒。」第五十五章「含德之厚,比於赤子。」

則意、欲不生，如此則神不外馳，守全而不執，自然而處，故能成就萬物之
自生，有此境界之人則神交於天，不以人物利害相攖，不相與爲怪，不相與
爲謀，不相與爲事，故虎兕無所投其角爪，兵戈無所容其刃，一切外物莫之
能傷。

　　《老子》書中氣字凡三見，其中以〈四十二章〉所言之氣，最易受歷代
注釋家導入元氣觀念，而解釋成氣化宇宙論，河上公以下至近代之高亨、馮
友蘭莫不如此。考其時代背景，實不自覺即蹈入《淮南子》以下氣化宇宙觀
之陷阱，又乏作《老子》時代之考察工夫，或究其思想之發生義，予以相應
之了解。河上公爲後期道家，雜入養生、陰陽兩家之思想理解老子，是否眞
能得老子之本旨，不免令人存疑。是以就資料與時代而論，老子論氣之階段，
實去《左傳》、《論語》不遠，而近於《孟子》及《莊子》內篇之時代，故其
陰陽之詮釋亦不應出《左傳》六氣之範圍。對氣之觀點亦不應脫離其時代環
境及學術發展之趨勢，純就生命本然而言氣，賦予一家思想之性格，置於修
養工夫討論之，此點與孟子之將氣置於道德性格下論述，實可比而觀之。以
上所述，具見老子之氣義，尚在素樸、原始階段，似不宜以後來創生萬物之
元素觀念詮釋。

第三節　《莊子》之氣論

　　莊子之時代同於孟子，有關氣之見解，就內七篇所載氣義觀之，亦與其
時代背景相合。思想性格則有承於老子，以冲虛凸顯氣之性質，作爲精神修
養之境界，以氣之虛靈作用說明道心之無執無滯。外、雜篇之論氣，雖亦承
於老子，以萬物存在於氣之冲虛狀態之意，然就思想之發展與闡明理論清晰
之程度而言，確有進於老子者。本節將以上述之方向解析《莊子》內篇與外
雜篇之氣論，內篇之主題爲以修養爲主之「惟道集虛」，討論氣所代表之意義。
外雜篇論氣之流行，故有「通天下一氣」之說，萬物之聚散成毀，無不在於
氣之流行作用，以此詮釋死生，要在顯其玄同死生之智慧。是以論外雜篇者，
擬就以「一氣流行」與「死生一氣」兩主題分述之。最後並綜合論述《莊子》
書中新出之氣義。

　　在討論前，有鑒於《莊子》成書之駁雜與其語言之特殊性，故關於取材
之原則與莊子哲學語言之把握，宜先作說明。

　　《莊子》書之成份，歷代之學者有共同之認定者，即內七篇大抵爲莊子

之眞精神所在，可作爲把握莊子思想之依據。至於外篇雖亦間有契於內篇精神者，然已不純粹，其可徵性較內篇爲低，雜篇又次之。故外雜篇所載，大抵爲其後學衍述，可視爲莊子思想另一階段之發展。因此，本文徵引資料之原則如下：內篇之討論，純就內篇徵引之，不雜引外雜篇文字。然外雜篇之討論，則不復區分內外雜篇，以內篇爲其思想之所本也。至於歷來認爲眞僞有爭論之篇章，或以其不足以代表莊子學派思想之篇章，則避免引用之。〔註12〕

　　對莊子哲學語言特性之掌握，本非理論內部之問題；然對分析莊子論道與氣內涵之把握，有一定程度之影響，因置於本論之前作一說明。莊子固肯定人類語言系統之表意功能，但並非無視其限制〔註13〕，此與莊子以生命之道作爲人生終極的追求有不可分之關係。早在老子時即嘗提出「道可道，非常道。」（《老子》首章）之看法，莊子更進而認爲「道」之體悟，可受而不可傳〔註14〕。因而日常語言在傳達「道」或「體道之境界」時則不無限制，莊子有鑒於此，於是乎將不可以概念或分析方式傳達之「意之精者」以非分別說之方式表達。此種表意方式，牟宗三先生嘗分析之：

> 　　用非分別說的方式把道理、意境呈現出來，即表示這些道理、意境，不是用概念或分析可以講的；用概念或分析講，只是一個線索，一個引路。照道理或意境本身如實地看，它就是一種呈現，一種展示；而莊子在某一層面所表現的思想正是如此。譬如莊子講天籟時，用的就是非分別說，他並未正面地告訴我們什麼是天籟，他只是暗示。而講逍遙遊時，亦復如此。所以照莊子所用的話語，如寓言、重言、卮言，又如謬悠之說、荒唐之言、無端崖之辭來看莊子的思想，他所呈現的就是非分別說。他是把老子分別說的一些基本概念，透過主體而加以呈現出來、點示出來；而所呈現、所點示

〔註12〕如〈讓王〉、〈盜跖〉、〈說劍〉、〈漁父〉四篇，自蘇東坡《東坡全集・莊子祠堂記》疑爲僞作，其後學者多從之。

〔註13〕《莊子・天道》篇：「意之所隨者，不可以言傳也。」〈秋水〉篇：「可以言論者，物之粗也；可以意致者，物之精也；言之所不能論，意之所不能察致者，不期精粗焉。」皆指出語言之限制性。

〔註14〕《莊子・知北遊》：「道不可聞，聞而非也；道不可見，見而非也；道不可言，言而非也。知形形之不形乎？道不當名。」「天地有大美而不言，四時有明法而不議，萬物有成理而不說。」「彼至則不論，論則不至。明見无值，辯不若默。道不可聞，聞不若塞。此之謂大得。」皆說明道之特性。

的事理，則不可以用概念分解的方式去講解，這已然到了最高的境
界。〔註15〕

莊子慣用非分別說來表達其思想，則語言文字之於道或境界之呈現，只有虛
指作用，而未必有實質之意義。換言之，只要求道與意境能傳達，則語言文
字之運用可變換無方，不必遵守固定之語言方式或系統。果如此，「氣」字
之使用，只不過莊子承自前人而隨興起用，氣字在莊子思想中並不如在其他
諸子思想中具有實質確鑿之意義。質言之，就氣字而言，莊子可用可不用，
而莊子畢竟用之，故可就其所用之資料分析其義。因此，氣之論述對莊子思
想而言，至多只是見「指」而非見「月」。就莊子之比喻說，即使徹底掌握
「荃」之理論結構，並不必然得「魚」。反之，倘真能見月得魚，至於用何指
何荃，皆已無關宏旨。莊子對語言文字之態度如此，其使用氣字之態度亦若
是。雖然，基於上述之了解，即使莊子對語言文字之運用達於極致，得魚忘
荃，過而泯跡，仍必有一定程度反應其所處之時代與學術之共同背景，唯能
認識如此，對莊子使用氣字意義之把握與論述，方不致落空，始可據以了
解氣在此階段上之發展，於思想史予以適當定位。吾人於論述過程中，宜
時與其中心思想相印證，力求不悖離本旨，此誠討論莊子之氣論應先具之認
識。

一、唯道集虛

《莊子》內篇論修養之氣最重要者，即〈人間世〉所云之「心齋」，莊子
以氣之冲虛狀態形容修養之至高境界，其文云：

回曰：「敢問心齋？」仲尼曰：「若一志，无聽之以耳，而聽之以心；
无聽之以心，而聽之以氣。耳止於聽，心止於符。氣也者，虛而待
物者也。唯道集虛，虛者，心齋也。」〔註16〕

此處莊子將經驗界之「成心」分為二層：一為感性主體之耳目等感官所收攝
者；一為認知主體之認識心所收攝者。此二者交互為用而構成莊子所謂之「成
心」。成心之正面功能固可成就經驗知識，架構知識之殿堂，莊子所關心者並
不在此，乃就其予人生所造成之負面影響作深刻之反省，此實原於莊子對知
識建構之興趣恆在其對人生哲學興趣之下故也。在莊子反省下之成心所能成

〔註15〕《中國哲學十九講》第十九講，頁347。
〔註16〕原文作「聽止於耳」，今作「耳止於聽」依俞樾《諸子平議》校改。見《諸子
　　　平議》卷十七，〈莊子平議〉一，商務人人文庫本，頁333。

就經驗世界之知識系統，相對於道心之無限、絕對且敞開之性格而言，即為有限、相對而封閉者。心齋之作用正在於超越成心之限制，顯發「道心」之虛靈作用。道心即為无去成心負面作用後所呈現之虛靈明覺、生機無限之境界，莊子以氣喻之，以氣亦具冲虛之性質，老子所謂「冲氣以為和」是也，然莊子所論氣（道心）之境界，較諸老子之和，又詳盡過之。其喻道心所呈現之狀態，即為冲虛、靈明之狀，故云「唯道集虛」，唯如此，乃能體現真我。蓋以成心所意識之我，非絕對真實之我。由感性直覺所構成之我屬心理學意義之情意我，由知性認識心所構成者屬於認知我，此二「我」各有分際，莊子以二者皆非真實之我，總名之為「成心」。此二者何以不真實，其間分際，牟宗三先生有精闢之分析：

> 經由這一執所成的認知主體（知性）是一個邏輯的我，形式的我，架構我，即有「我相」的我，而不是那知體明覺之「真我」（無我相的我），同時它亦不是由那心理學意義的剎那生滅心態串系所虛構成的心理學的假我。〔註17〕

此情意我與認知我皆非價值義的真實性之存在，然則真實存在於何處？感官與知性、情意心皆無法體現真實自我，由「心齋」以解析之，則真我在氣所代表之道心處體現，氣代表知體明覺無執之狀，謂之虛，虛即為氣之冲虛性質，前已述及。故莊子心齋之工夫首先在於轉化感官所攝取之感覺現象層次，以心認知、思辨，隨之再超越認識心之層次，以道心應物，以超越之智性心玄覽萬物，不執不取，道乃呈現；此即「无聽之以耳，而聽之以心；无聽之以心，而聽之以氣。」之具體真實內容，氣所代表者，乃冲而不盈，虛靈不昧之道心層次，即真我之層次。

惟道集虛，集，棲止也。道棲止於虛處，由冲虛體現至高之精神境界。虛與實相對，如感官之接觸與攝取對象，充盈於記憶中，供思辨、認知之知性心作為辨解之材料，此對象充盈謂之實。虛之作用，《莊子》除以氣喻之外，亦嘗喻之以「鏡」，〈應帝王〉云：

> 至人之用心若鏡，不將不迎，應而不藏，故能勝物而不傷。

不將不迎，即如鏡之寂照萬物，物有去來而鏡無迎送。物至則應照，物去則寂止，說明對萬物不執不取，成心已轉化為道心，對物只在虛靈狀態下作觀照，受容萬物而不執，不為物累，取銷一切與物之對立相，則物與道心同時

〔註17〕《現象與物自身》，牟宗三著，學生書局，頁124。

以「在其自己」之如相或自在相出現，此之謂「自然」，即道心所顯發之境界。

在莊子之稱述中，能以心齋坐忘之工夫，達到同於大通之境界者，謂之至人、神人、聖人。〈逍遙遊〉嘗揭示三者之境界：

> 至人無己，神人無功，聖人無名。

成玄英疏云：

> 至言其體，神言其用，聖言其名。故就體語至，就用語神，就名語聖，其實一也。詣於靈極，故謂之至；陰陽不測，故謂之神；正名百物，故謂之聖也。一人之上，其有此三，欲顯功用名殊，故有三人之別，此三人者，則是前文乘天地之正，御六氣之辯人也。

成疏以「一人三位」之作用在「顯功用名殊」，至言其體，以其能保守純和之氣，勝物不傷；神言其變化之用，莫可測知，通靈無礙；聖狀其能大能化，迹本兩忘。「无己」「无功」「无名」為體道者之境界描述，若止就「无」字討論，為超越義，參覈以「心齋」「坐忘」，則无之正解為離、去、忘之工夫義，消解、轉化之工夫論也，則「无」有三義：本體義、境界義、工夫義。老子道之本體為「無」，此義甚明，莊子思想有承於老子，然特重內在之生命境界，故少言超越形上之道，僅少言耳而非取銷，其論「无」原具本體，可推而知。境界義與本體義同一，必經由修養功夫而顯。老子頗言「無為」「無知」「無欲」「無身」之工夫系列，莊子則言「无己」「无功」「无名」「坐忘」「心齋」「化」，論功夫指點，顯然較諸老子更周詳深刻。吾人可藉上述之工夫指點，通達於「无」之境界，此「无」之三義，皆可透過氣所指點之虛靈作用而顯發道心境界。

二、一氣流行

《左傳》之六氣說，已含有流行之義，陰陽一流行；風為一流行，雨亦一流行；晦明亦一流行，凡此諸種無非為自然現象之流行。莊子則將氣之流行義，映照於其人生哲學之智慧下，玄同一切人事對立之價值觀，〈知北遊〉首先提出通天下一氣之說法：

> 人之生，氣之聚也。聚則為生，散則為死，若死生為徒，吾又何患？
> 故萬物一也。是其所美者為神奇，所惡者為臭腐，臭腐復化為神奇，神奇復化為臭腐，故曰通天下一氣耳，聖人故貴一。

此即說明人之死生無非一氣之聚散，為自然現象之一環，一氣之流行現象，

萬物之存在與毀滅亦同屬氣之流行。人皆患生患死，起好惡之情，以主觀之
情緒迎拒之。氣之聚散，人之死生，又爲必然不可免者。知乎命，則又有何
患？人恆以主觀之立場執定價值，並因而封限之，分別好惡，其實人之所美
者，視爲神奇者、與所惡者，視爲臭腐者，同爲一氣流行所呈現之現象，如
花卉方其盛開也則美之，俟其枯萎凋零則惡之，囿於主觀之好惡也，若於花
卉之自身言之，則爲其生命必然之過程，一氣之流行。若以超越之視界觀之，
萬物殊相，乃一氣之化，死生、神奇臭腐皆爲一氣流行，任物自然，貴其本
眞，則生命之眞實可得矣。上述乃就萬物本身言氣之聚散流行。

其次，有就超越形質，通於異體，以言氣之流行者：天地爲形之大者，
陰陽爲氣之大者，合則成體，散則成始，遷流變化，莫非一氣流行，〈寓言〉
篇云：

> 萬物皆種也，以不同形相禪，始卒若環，莫得其倫，是謂天均。

郭象注：「雖變化相代，原其氣則一。」現象界之生生無窮，無始復無終。萬
形嬗遞紛紜，同形謂之相生，異形謂之相禪，皆根於萬物一氣之說，〈至樂〉
篇有一段精彩之證明，可佐證莊子「異形相禪」之論：

> 種有幾，得水則爲𩰽，得水土之際則爲䵷蠙之衣，生於陵屯則爲陵
> 舄，陵舄得鬱棲則爲烏足，烏足之根爲蠐螬，其葉爲胡蝶。胡蝶胥
> 也，化而爲蟲，生於竈下，其狀若脫，其名爲鴝掇。鴝掇千日爲
> 鳥，其名爲乾餘骨。乾餘骨之沫爲斯彌，斯彌爲食醯。頤輅生乎食
> 醯，黃軦生乎九猷，瞀芮生乎腐蠸。羊奚比乎不箰，久竹生青寧，
> 青寧生程，程生馬，馬生人，人又反入於機。萬物皆出於機，皆入
> 於機。

胡適以近代物種原始之說，生物進化論解說此文，且名之爲莊子生物進化論
〔註18〕，此解未能相應於莊子之智慧，亦悖其本旨。此段引文正說明「一氣
流行」「異形相禪」之論。郭象注：「此言一氣而萬形，有變化而無死生也。」
便得此義。乃自萬物本同之氣，論其齊萬物而泯死生之說。斯爲玄同萬物之
智慧也。以爲物之形式變換無方，皆出於機，入於機，種有機，皆爲說明氣
存在之不同形式而已。〈大宗師〉亦有化左臂以爲雞，右臂以爲彈；以汝爲鼠
肝，以汝爲蟲臂之說，亦爲相同之理。

〔註18〕《中國古代哲學史》，胡適著，商務印書館，人人文庫特五十九，頁115～
116。

三、死生一氣

上述莊子以一氣流行之觀念說明人為執著價值觀之封閉性，以萬物一氣、異形相禪解說自然為有機之整體，萬物息息相關，人亦為自然之一環，不必自設限囿，如此方不致孤立、封閉自己。莊子乃展示其玄同之智慧，以一氣流行之觀念，期能超越成心之封限，調適精神使能上達。莊子哲學原重於人內部生命之開發與精神境界之飛揚，此精神最高境界復為一「絕對之境」，故又稱「見獨」，具有各殊性、獨特性與超言說性，為吾人心智世界未判分前之直覺性內在性經驗，必然無法複製，他人亦無法代勞，此點可由莊子所描述之體道文字無一相同得到證明〔註 19〕。惟所稱述之境界率有一共同點：皆屬超經驗界。可推「道」之呈現，必為精神上之超越，無法經由形軀感官直接獲得。故欲修養精神以見道，首要突破世俗對形軀之執著，洞悉宇宙人生之變化。世俗之執著，以死生為最。蓋死亡問題，為現實存在之極限，為形質生命之斷限，其奧義之深沉，永無可知。因此，悅生惡死，乃世俗之常情，羈絆於悅惡情緒，精神勢無法超越，精神逍遙亦終為渺不可及。於是莊子特為立說，以破世俗之執，坦然面對死生之實在，冀能忘懷死生，進而體道。

莊子死生之說非止一端：或喻以夜旦之常；或譬諸四時之行；或喻以載勞佚息；或勸以死樂生苦、薪盡火傳之義；或以為人生如夢、死生一條、無

〔註 19〕《莊子》所言之道為生命主體經修養工夫後所開出至高之精神境界，然《莊子》書所載之境界文字雖意義相近，然呈現卻有不同。其共同點在於精神之自然自適，其相異處可於書中之陳述不同見其一斑，茲錄內篇為證：
「乘天地之正，而御六氣之辯，以遊於無窮。」（〈逍遙遊〉）
「乘雲氣，御飛龍，而遊乎四海之外。」（〈逍遙遊〉）
「天地與我並生而萬物與我為一。」（〈齊物論〉）
「至人神矣！大澤焚而不能熱，河漢沍而不能寒，疾雷破山飄風振海而不能驚。若然者，乘雲氣，騎日月，而遊乎四海之外，死生無變於己。」（〈齊物論〉）
「聖人不從事於務……而遊於塵垢之外。旁日月，挾宇宙。……參萬歲而一成純。」（〈齊物論〉）
「登天遊霧，撓挑無極；相忘以生，無所終窮。」（〈大宗師〉）
「與造物者為人，而遊乎天地之一氣。……芒然徬徨乎塵垢之外，逍遙乎無為之業。」（〈大宗師〉）
「安排而去化，乃入於寥天一。」（〈大宗師〉）
「乘夫莽眇之鳥，以出六極之外，而遊無何有之鄉，以處壙垠之野。」（〈應帝王〉）

可奈何之命〔註 20〕。以上諸說，或以死生如自然現象，吾人不必摻以主觀之悅惡情緒，安時處順可也；或以生為喪，死為反，莊子思以世俗相對之價值觀，抒解情緒之好惡，以袪除對死亡之恐懼；或以精神不死詮釋死亡為另一種存在方式；或以浮生虛幻，生命渺小，對死生毋須將迎之無奈心態解釋，諸說或出於譬喻，或動以情緒，或訴諸命定，明乎此，則「死生一氣」之說亦同為莊子超越死生，玄同死生之一喻。

人之所以愛生憎死，誠以死亡為不可避免之根本問題，又因吾人對此茫然無知，且無可體驗，無可傳述，乃視死為生之斷絕，以為死後乃空無漆黑，因起畏怖之情。事實上，生之前與死之後，其實在誠無人可知。莊子以為吾人若蔽於悅惡之心理，入於哀樂之情緒，以至於不能通達死生之情，則無法使精神超越。誠宜因應世俗分別之說，剖析死生之意義，以銷解對死生之執著，上達於外死生、無終始之境界。於是乎承通天下一氣之說，以死生無非一氣之流轉變化，將死生置於流轉過程之一環，以開闊吾人侷限於生後死前之狹窄視野，俾能不陷於死生之哀樂，為其「死生一氣」說之大旨。

〈至樂〉篇載莊子妻死，莊子始哭而後歌，箕踞鼓盆，大悟死生之理，其說云：

> 察其始而本無生，非徒無生也而本無形，非徒無形也而本無氣，雜乎芒芴之間，變而有氣，氣變而有形，形變而有生，今又變而之死，是相與為春秋冬夏四時之行也。

此剖析人之生原類於宇宙生化之歷程，本為一整體，人之生乃一氣之變化。

〔註 20〕《莊子》論死生之說多端，茲舉例如下：

「予惡乎知說生之非惑邪！予惡乎知惡死之非弱喪而不知歸者邪！」（〈齊物論〉）

「予惡乎知夫死者不悔其始之蘄生乎！夢飲酒者，旦而哭泣；夢哭泣者，旦而田獵……且有大覺而後知此大夢也。」（〈齊物論〉）

「適來，夫子時也；適去，夫子順也。安時而處順，哀樂不能入也。」（〈養生主〉）

「指窮於為薪，火傳也，不知其盡也。」（〈養生主〉）

「古之真人不知說生，不知惡死；其出不訢，其入不距，翛然而往，翛然而來而已矣。」（〈大宗師〉）

「死生，命也；其有夜旦之常，天也。」（〈大宗師〉）

「孰能以無為首，以生為脊，以死為尻。孰知生死存亡為一體者，吾與之友矣。」（〈大宗師〉）

「彼以生為附贅懸疣，以死為決疣潰癰。」（〈大宗師〉）

〈知北遊〉則進一步說明變化之道：「人之生，氣之聚也；聚則為生，散則為死。」且死生之間，無終始可言，生也死之徒，死也生之始；孰知其紀。」純為一氣流行之過程。凡新事物之生成，必蘊涵原有事物之消解；原有事物之消解，亦必蘊涵另一事物之新生。因此，莊子並不就人死生之兩端討論生死問題，不以死生為孤立事件，乃就俯視宇宙整體之觀點討論，相續相成，始卒若環，〈德充符〉云：「以死生為一條」正指點此義。

　　以上為莊子說死生相互蘊涵之理，並將死生之端通向宇宙整體流行，通向無限之時空，此無限、整體即為「自然」。一氣自然留動而生物，生人。〈天地〉篇云：「留動而生物，物生成理謂之形。」既有凝聚，則必有消解，聚散無端，〈田子方〉云：

　　　　生有所乎萌，死有所乎歸，始終相反乎無端，而莫知乎所窮，非是
　　　　也，且孰為之宗。

就形質而言，有死生之端；就氣而言，無生無死，相生相禪，始卒若環，莫得其倫。萬物生滅代謝之現象，為氣之流行，誠無所謂死生可言，人固不必執於死生而入於哀樂。〈大宗師〉云：

　　　　特犯人之形而猶喜之，若人之形者，萬化而未始有極也，其為樂可
　　　　勝計耶！

此言不必因犯人形而喜，若一犯人形輒喜曰：「人耳！人耳！」（〈大宗師〉）莊子以之為不通造化之人，必淪於好惡之迎拒，且情緒生於胸次，不如與造物為偶，遊乎天地之一氣，為物於不得遯而皆存之所，藏天下於天下，斯可勘破死生。若以人形為神奇，因而貴之，莫知其原於腐朽，任情緒為用，則氣之變化無窮，則喜怒亦無窮矣。神奇腐朽原為一氣所託之異物，宜正而待之〔註21〕。所謂善吾生者善吾死〔註22〕，忘其肝膽，遺其耳目，茫然徬徨乎塵垢之外，逍遙於無為之境，精神通於天地，方為通達。

　　莊子以一氣流行之觀念解說死生之真實意義，實則非用意建構死生之說，乃藉此玄同死生，超越死生之執，進而達於修養之無執無礙，體現天地並生，無終無始之境界，天下篇云：

　　　　芴漠無形；變化無常，生與死與？天地並與，神明往與，芒乎何之？
　　　　忽乎何適？……上與造物者遊，而下與外死生、無終始者為友。

────────

〔註21〕《莊子集釋》，〈知北遊〉，見前文二、一氣流行所引人之生氣之聚也一段。
〔註22〕《莊子・大宗師》：「故善吾生者，乃所以善吾死也。」

莊子重視突破世俗之生死觀念，唯能如此，始能外死生，並與造物者遊，雖歷萬劫而猶復，莊子以一氣玄同死生，乃其死生說重點所在。〈大宗師〉嘗舉外死生所友之人爲說：

> （子輿）曲僂發背，上有五管，頤隱於齊，肩高於頂，句贅指天，陰陽之氣有沴。其心閒而無事，跰𨇾而鑑於井，曰：「嗟乎！夫造物者又將以予爲此拘拘也……浸假而化予之左臂以爲雞，予因以求時夜；浸假而化予之右臂以爲彈，予因以求鴞炙；浸假而化予之尻以爲輪，以神爲馬，予因而乘之，豈更駕哉？且夫得者，時也；失者，順也。安時而處順，哀樂不能入也。此古之所謂懸解也，而不能自解者，物有結之。」

不能勘破死生者，乃成心有所執而不能自解。若子輿方爲懂得順化之人。此中提出一「化」之觀念，氣之禪形之謂化。莊子以爲世俗之人視死生，徒見外形之消解，而不能安氣之變化，故有所迎拒。苟能知物形相禪爲一氣流行，必樂與適之，〈德充符〉云：「審乎无假而不與物遷，命物之化而守其宗也。」能知一氣之守而任物之化，則知死生之諦，莊子嘗喻生之如夢，又夢中有夢，其〈齊物論〉夢蝶之寓言即爲泯沒死生界限之最佳詮釋。

> 昔者莊周夢爲胡蝶，栩栩然胡蝶也。自喻適志與，不知周也。俄然覺，則蘧蘧然周也。不知周之夢爲胡蝶，胡蝶之夢爲周與？周與胡蝶，則必有分矣！此之謂「物化」。

「化」爲執著之消解與精神之無執，自由自在，觀物自得，物亦我也，我亦物也。唯精神之修養臻此化境，方能玄同物我、彼我，玄同萬物，莊子「物化」與「死生一氣」二說均爲其解說玄智之表現。

四、新出氣義

除前述體系完整之氣論外，《莊子》書中所載之氣，義漸多歧，約可別爲三類：一、沿用《左傳》、《論語》原義者。二、承老子義者。三、新出義。沿用《左傳》、《論語》原義者如六氣、氣息、血氣等，不再贅述。值得注意者爲本屬六氣之一之「雲」字，已與「氣」字連用。〈齊物論〉以「大塊噫氣」喻風之形成，當得自人呼吸現象之聯想而作此生動之譬喻。〈逍遙遊〉「絕雲氣，負青天」「乘雲氣，御飛龍」二者爲文獻資料最早將雲、氣連用，一爲靜態之描寫，一寫流動之實體。故〈逍遙遊〉不僅將雲氣視爲流行，且視爲實體存在。至於何以將雲、氣聯用，是否亦類似上述噫氣之文學比喻，或將人

氣與自然界之雲作上述之聯想，或以雲寫其形貌，以氣言其流行之本質。無論如何，將雲氣連用，誠更能得雲流行之實。承自老子義者已見前文，可毋再述。今論新出義又可歸納爲三類敍述：（一）與「神」同義者。（二）神、氣連用者。（三）與前此所論迥不相同之別出義者。茲分敍如后。

（一）與「神」同義者

神除人格神之意義外，又作爲形容妙用莫測之狀詞，然《莊子・養生主》庖丁答文惠君之言中，神義新出；其文云：

> 臣之所好者道也，進乎技矣。始臣之解牛之時，所見无非（全）牛者〔註23〕。三年之後，未嘗見全牛也。方今之時，臣以神遇而不以目視，官知止而神欲行。

不以目視、官知止者，皆爲停止官能之向外攝取，而以「神遇」「神行」，則〈人間世〉之心齋「无聽之以心而聽之以氣」所云之「氣」與此處「神」義相當。〈達生〉篇亦有類似之寓言用「氣」可佐上述推論：

> 臣將以爲鐻，未嘗敢以耗氣也。必齊以靜心：齊三日，而不敢懷慶賞爵祿；齊五日，不敢懷非譽巧拙；齊七日，輒然忘吾有四枝形體也。當是時也，无公朝，其巧專而外骨消；然後入山林，觀天性，形軀至矣，然後成見鐻，然後加手焉；不然，則已。則以天合天，器之所以疑神者；其是與。

梓慶爲鐻之術，首揭示「未嘗敢以耗氣也」即保守純和之氣，此氣稟自先天，故曰「天」。作心齋之工夫，以得其虛靈之用，以人自然之氣（天）應山林自然成鐻（天），是謂「以天合天」，必得心而應手。此「氣」與「神」同義，皆指人精神修養至於道心呈現之狀態也。

（二）神、氣連用者

上述「神」獨用時，其義與「虛靈之氣」相通。然今論神、氣連用時，其義有殊，茲分別述之，〈田子方〉篇云：

> 夫至人者，上窺青天，下潛黃泉，揮斥八極，神氣不變。

郭象注：「夫德充於內，則神滿於外，無遠近幽深，所在皆明，故審安危之機而泊然自得也。」則此云神氣與前述神、氣獨用之義相通，皆指虛靈之本體。其義殊者見於〈天地〉篇：

〔註23〕全字依趙諫議本補。《莊子集釋》〈養生主〉，頁124。

汝方將忘汝神氣，墮汝形骸，而庶幾乎！

若莊子之虛靈本體，在成心之上位，乃轉化成心之後，所呈顯之精神面貌，如此，自毋庸消解。然天地篇顯然將神氣用爲被消解之列，屬於未見道前之層次，其義已同於形骸官知之成心，郭象所往：「不忘不墮，則無庶幾之道。」郭象亦以之爲必齋去者。如此，則「神氣」之義有二分：一爲成心義，一爲道心義。書中所載與成心義相連類者尙有平氣、人氣、盛氣、恃氣、忿滀之氣等〔註24〕，其義一也。不復詳舉。

（三）別出義

除上述外，《莊子》書中尙論及天地、四時之氣與邪氣。

甲、天地、四時之氣

〈在宥〉篇云：

> 雲將曰：天氣不和，地氣鬱結，六氣不調，四時不節，今我願合六
> 氣之精以育群生，爲之奈何？

天氣、地氣，承六氣之宇宙觀念而出，另有以陰陽爲氣之大者，天地爲形之大者，此實結合二者之義說之。其次，所謂四時之氣者，則爲天地、陰陽流行所引申之義，〈則陽〉篇云：

> 四時殊氣，天不賜（私）故歲成。

〈庚桑楚〉篇亦記載之：

> 夫春氣發而百草生，正得秋而萬寶成。

乙、邪氣

〈刻意〉篇云：

> 平易恬淡，則憂患不能入，邪氣不能襲，故其德全而神不虧。

《素問欬論》：「皮毛先受邪氣。」則外界之氣能使人體致病者皆謂之邪氣。《內經》以風、暑、濕、燥、寒五氣合以四時變化之氣，能致病之外氣，統稱爲邪氣。神不虧者，氣不虧也。此爲內在之人氣，若內有憂患則神虧氣虛，予外界邪氣可乘之機，必致發病。然則「邪氣」已爲知識義之氣矣！

綜合莊子之論氣，內篇所述，在人則指點虛靈之道心，在自然界則指風、雲之流行。較《左傳》、《論語》與《老子》僅及於生命、自然現象者，實爲

〔註24〕 「猶疾視而盛氣。」（〈達生〉）、「夫忿滀之氣。」（〈達生〉）、「方虛憍而恃氣。」（〈達生〉）、「欲靜則平氣」（〈庚桑楚〉）。

詳盡深入。言道心者，恆指點超越於成心，虛以待物之生命本然狀態。言雲氣者，似更得其流行之本質。外篇所論，與內篇大異其趣，〈知北遊〉所言「通天下一氣」，說明萬物皆以氣相通、相涵、相生，合爲一氣，本質可互通，恆能超越各物形質之拘限，共合爲一大流行。莊子以此顯其玄同死生，萬物齊一之智慧。

第四節　《管子》之氣論

　　《管子》一書，今人已考證出非撰自管仲其人，大略爲戰國稷下學派集體之作〔註25〕。成書約在戰國中世以後，《漢書‧藝文志》入於道家，《隋書‧藝文志》入於法家，揆其書之內容，實兼陰陽、道、法、兵諸家之說，而以重法之思想爲主。

　　其書中篇章內容歸趨於老莊思想者有〈心術〉上、下（三十六、三十七）〈白心〉（三十八）三篇，法家緣道家者有〈樞言〉（十二）一篇，儒家混合者有〈內業〉（四十九）一篇〔註26〕。至於各篇時代之先後，羅根澤以爲〈心術〉上下、〈白心〉三篇若論思想體系，必在老莊之後，〈內業〉稍晚於莊子，〈樞言〉則遲至戰國末矣！其說大致可信，今從之。

　　《管子》論氣之言，以〈心術〉〈內業〉爲主，尤以〈內業〉最爲精萃，今以內容分爲二端討論：一、化生之氣。二、精、氣、神。

一、化生之氣

　　〈內業〉云：

> 凡物之精，化則爲生。下生五穀，上爲列星。流於天地之間，謂之鬼神；藏於胸中，謂之聖人。是故此氣，杲乎如登於天，杳乎如入於淵，淖乎如在於海，卒乎如在於己。〔註27〕

管子此言「精」，爲一能生之實體，有生化萬物之功能，爲宇宙論之陳述。氣之能變者爲精，〈心術〉即云：「一氣能變曰精。」〈內業〉云：「精也者，氣之精者也。」前者爲名詞，後者爲形容詞，意爲氣之精微者爲精，故本質相

〔註25〕　羅根澤及馮友蘭皆如此認爲。見羅著《諸子考索》，學林書店，頁422～500，馮著《中國思想史資料索引》，頁38，牧童出版社。

〔註26〕　《管子評議》，婁良樂，嘉新研究論文第三〇四種，分見於頁85、103、88。

〔註27〕　《管子》原文作「凡物之精，此則爲生。」「是故民氣，杲乎……」今據丁士涵校正。見《管子校正》，商務國學基本叢書，五〈內業〉第四一九，頁48。

同。此氣充塞天地，其功爲化生萬物。此氣之在人者，則充於身，爲生命之源，爲形體待之而後生者，〈樞言〉篇云：

> 道之在天者，日也；其在人者，心也。故曰：有氣則生，無氣則死，生者以其氣。

〈內業〉篇又云：

> 凡人之生也，天出其精，地出其形，合此以爲人，和乃生，不和不生。

精、氣、神之分析概念，當自管子始。必氣之和乃生，故管子言氣有化生之功，當可成立。此說直接影響兩漢之氣化思想及宇宙氣化作用之濫觴，今簡述淮南子之說於後。

管子雖言精氣有化生作用，精氣之本質爲氣，屬於物質層次，已具初期之唯物思想。故云氣變爲精，精爲氣之另一存在形態，氣與精二者除精、粗之別，是否有其他之相異處，則未見進一步之說明。管子是否已將宇宙至高原理——道規定爲氣，據引文之義、誠未可遽下論斷？淮南子則明顯將管子化生之氣發展爲氣化宇宙論之思想。《淮南子・精神訓》云：

> 古未有天地之時，惟像無形，窈窈冥冥，芒芠漠閔，澒濛鴻洞，莫知其門。有二神混生，經營天地，孔乎莫知其所終極，滔乎莫知其所止息，於是乃別爲陰陽，離爲八極，剛柔相成，萬物乃形，煩氣爲蟲，精氣爲人。

此處雖言及煩氣、精氣，陰陽二氣，然非最高原理，在陰陽二氣之前尚有經營天地之二神，二神之先又有澒濛鴻洞，莫知其門之未有天地之渾沌原始，無論如何，畢竟未見「道即氣」之說法，或許《淮南鴻烈》不成於一人之手，或論者重點不同，故說法不一，〈天文訓〉則有不同之說法，其說云：

> 天地未形，馮馮翼翼，洞洞灟灟，故曰太昭。道始於虛霩，虛霩生宇宙，宇宙生元氣，元氣有涯垠。輕易者薄而爲天，重濁者凝滯而爲地。清妙之合專易，重濁之凝竭難，故天先成而地後定。天地之襲精爲陰陽，陰陽之專精爲四時。四時之散精爲萬物，積陽之熱氣生火，火氣之精者爲日。積陰之寒氣爲水，水氣之精者爲月。日月之淫爲精者爲星辰，天受日月星辰，地受水潦塵埃。〔註28〕

〔註28〕 《淮南鴻烈集解》劉文典集解，卷三，〈天文訓〉，頁53，原文爲「宇宙生氣，氣有涯垠。」依莊逵吉校補。

〈天文訓〉首先提出元氣之說，元氣爲天地未形之先，混一未分之氣，經由元氣之作用，能生天地萬物，其創生之程序爲：

$$\underset{(道)}{\overset{虛\quad霸}{}}\;宇宙\to元氣\to天地\to陰陽\to四時\to萬物$$

在元氣之上，仍有「宇宙」「虛霸」之層次，其內容究爲何指？元氣與道之關係又如何？由引文可知，〈天文訓〉將天、地與人置於萬物之列，並無凸出於萬物之上賦予特殊地位，將人與物等同視之，同屬於物質層次。元氣爲物質元素，「元氣有涯垠」即說明元氣爲數量之存在，爲有限者；此外，元氣亦涵有質量之分別，天氣屬於「輕陽」，地氣屬於「重濁」，故有上升飛揚、下降凝滯等不同之物理性能，明確指出元氣之物質屬性。根據引文，亦無法分析出元氣具有道德、意志等精神屬性。果如此，則上列之生化過程，皆爲元氣物理性質之作用，及其變化過程。據此而論，〈天文訓〉所陳述之宇宙論，爲一物質世界之生成論，元氣乃屬於科學之對象。而「虛霸」「宇宙」之概念，在此既無實質之意義，又無具體之內容，乃爲一空無之時間及空間，以〈天文訓〉之唯物觀點，元氣之前有「虛霸」「宇宙」之存在，即將物質與時、空條件分離，理論已有謬誤〔註29〕。如上析論，「虛霸」「宇宙」既爲多餘之陳述，則〈天文訓〉之道，即始於元氣，道之內容即爲此混沌未分之氣，萬物皆自「道」生出，此種宇宙形成論，即爲典型之氣化宇宙論，具有唯物之傾向，其義蘊則屬於原始之科學思想脈絡，已失去哲學之旨趣。

二、精、氣、神

　　氣就其能化生萬物，流行宇內而言，爲一客觀外在之存在，就其生成萬物，內充萬物之體而言，爲一內在於物之存在。氣之內在於人身，爲老莊向未提及之問題。管子本承老莊氣無所不在之說，又特揭示人之「心」爲氣活動於感官，由內外通之主宰，此說較前更進一層，〈內業〉篇論之甚詳：

　　　定心在中，耳目聰明，四枝堅固，可以爲精舍。精也者，氣之精者
　　　也。氣導乃生，生乃思，思乃知，知乃止矣。

精爲氣，氣舍於心，心有氣然後能知，此知可認識經驗世界，能攝取事象，思辨物、事之理，心之作用止於斯。管子肯定心之外攝功能與氣有關，氣道乃生，然氣活動於感官之感、知、思，皆受心之主宰。外通之說已如上述，

〔註29〕見《中國哲學史新編》，冊二，頁148，徐復觀，《兩漢思想史》，卷二，頁211
　　　～218。

其內通之道如何？〈內業〉並有言之：

> 凡道無所，善心安處；心靜氣理，道乃可止。〔註30〕

所謂內通者，即精神之修養，使內部生命能體現道，如何體現？則端在上達之功夫，此工夫即如何「靜心」「理氣」，乃管子之工夫論。由此可知氣與心為同一層次，道為心靜氣理後所呈現之精神境界。唯其境界之內容如何？則未見進一步之說明。此處所言之心、氣皆屬於《莊子》內篇所言之「成心」層次，而非「道心」層次。耳目之官接於物而內感於心，則生憂樂喜怒欲利之情，此六者為心擾動之緣〔註31〕，必去斯六者，心乃反濟，謂之「靈氣在心」，靈氣在心則不與物推引，而以神明照乎知。此說頗同於莊子「心齋」之「無聽之以耳而聽之以心，無聽之以心而聽之以氣。」管子則曰：「不以物亂官，不以官亂心。」〔註32〕管子此處以「靈氣在心」替代莊子「道心」之地位。綜上所言，管子言心有兩層，外通於感官及上達於道二者，皆與氣有關。〈內業〉云：「我心治，官乃治；我心安，官乃安，治之者，心也；安之者，心也。心以藏心，心中又有心焉。」可作為精舍，心靜氣理而道此之心，乃安官者也；能思能知之心，治官者也。「能治」乃心之作用，能外通經驗世界。「安」乃心之狀態或境界，合於道之精神狀態，其言心有二者，其實一也。

　　精氣化為物，未化之先，為渾一之整體，既化之，則為萬殊，扞格於形質，反不能相通。若能修養精神，搏氣如神，修養於極致，則復能感通而知吉凶禍福。〈內業〉云：

> 思之思之，又重思之，思之而不通，鬼神將通之，非鬼神之力也，
> 精氣之極也。

「思」為心之功能之一，屬於經驗層，雖思於極致，猶未能超經驗也。故其於吉凶也，無能感應，然卒可致之者，鬼神通之也。鬼神者何？一氣流行於天地間者也，人搏「精氣」之極，精氣專一則可同於大通，憑藉一氣之作用，可感於超經驗之事故。

　　此管子言精氣神有異於老莊者，此說實下開《呂氏春秋》之精神感應說。

〔註30〕同註28，原文作「凡道無所，善心安愛。」依戴望校正，頁50。
〔註31〕《管子・內業》：「凡心之刑，自充自盈，自生自成。其所以失之，必以憂樂喜怒欲利。」
〔註32〕《管子・內業》，頁101。

老子言精、氣、神皆分別論述，且氣與精、神義未連類。《莊子》內篇多言神與氣，精字雖兩見，然未見深義。唯三者義已相爲用。外篇多言精、氣，指人生命之精蘊，且將精神二字連用，已開精氣神修養之說。至於《管子・內業》已分別外、內討論，此三者之修養傳統於焉確立。茲綜述三者之關係如下：氣爲一流行之存在或存在之流行，神之義乃就氣能感通內外之妙用而言，精爲氣之極細微且極純一之質，皆落於個體之存在言之。又氣遍運遍感於萬物，流行無方，謂之有神，氣而有神，謂之神氣。由精而神，謂之精神，至是精氣神能見於外。此三者共運於人身，形成心、知、志、情、意、欲、存在之自覺層，表現爲認知、思辨、喜怒哀樂、好惡等心理情緒之活動，均以精氣神爲根本，而氣又爲精、神之基礎，一切內在生命之學問，內反於深層，均可感此「氣」流行或存在，由此下開《淮南鴻烈》之精氣神修養傳統也。

第五節　《呂氏春秋》之氣論

《呂氏春秋》乃呂不韋門客所撰之書，多爲傳述諸家思想之言，其義之不純粹，且非原創思想可知。雖然，纂述保存之功不可沒，仍可據以考察晚周氣義之發展。茲分爲一、感應之氣。二、四時、五行之氣。分述於后。

一、感應之氣

《呂氏春秋・盡數》篇嘗就精氣以論萬物之性：

> 精氣之集也，必有入也。集於羽鳥，與爲飛揚；集於走獸，與爲流行；集於珠玉，與爲精朗；集於樹木，與爲茂長；集於聖人，與爲夐明。精氣之來也，因輕而揚之，因走而行之，因美而良之，因長而養之，因智而明之。

《莊子》外雜篇以萬物爲一氣，荀子分析氣爲萬物之根本元質，皆在論其同而未及於異者。《呂氏春秋》認爲萬物之類分，本性有不同，乃由於精氣所集者有以致之，如鳥羽之于飛揚，四足之於流行，圓潤之於精朗，枝葉之于茂長，仁智之于夐明，皆因性之所具而成就之。此說有進於莊、荀者，在於生非僅一氣之化，因提出精氣所集之說以論物性不同成因。

呂氏門客論精氣之第二點在感應說。其論物類之感應凡二，分爲同類感應者，與異類相召者。精神感應說之所以成立，固基於一氣相生化，萬物本

質相通之說，然實致之者，乃由於精氣爲一流行之存在，必待搏而致極之工夫，始克有功。〈精通〉篇載有同類感應之說：

> 聖人南面而立，以愛利民爲心，號令未出而天下皆延頸舉踵矣，則精通乎民也。夫賊害於人，人亦然。今夫攻者砥礪五兵，侈衣美食，發且有日矣，所被攻者不樂，非或聞之也，神者先告也。身在乎秦，所親愛在於齊，死而志氣不安，精或往來也。

人之溝通，必藉語言文字以爲媒介，或雖不以聲聞，必神色相見，行爲動作以示意。《呂氏春秋》所載之例實異於上述者。以爲精氣爲用，輒能超乎世俗經驗，不告而先聞；雖身處萬里之外，志意或相往來，此感應之功也。親子之間，骨肉相遞，形氣相禪，其能感應者又超乎常人，〈精通〉篇云：

> 周有申喜者，亡其母。聞乞人歌於門下而悲之，動於顏色，謂門者內乞人之歌者，自覺而問焉，曰：「何故而乞？」與之語，蓋其母也。故父母之於子也，子之於父母也，一體而兩分，同氣而異息，若草莽之有華實也，樹木之有根心也。雖異處而相通，隱志相及，痛疾相救，憂思相感，生則相歡，死則相哀，此之謂骨肉之親，神出於忠而應乎心。兩精相得，豈待言哉？

此言感應必由神、精之功，感而應乎心，及於情緒。而所謂感應者，乃經由人之生命內部，心志所未能意識之精、神處感通之，而逐步形於外，終有驗可徵。感應之事莫可究極，〈精通〉篇作者以精神之力解釋，蓋依據一氣流行之作用言也。察〈應覽〉、〈具備〉篇云三月嬰兒混沌未開，心智未形，弗知弗欲，而能論其母之慈愛者，以其精誠相通也。且夫精誠之所至，又不止於同類或親子之感應而已，可通於血氣異類，甚至木石之性，亦可動以精誠焉。〈精諭〉篇云：

> 聖人相諭不待言，有先言言者也。海上之人有好蜻者，每居海上，從蜻游，蜻之至者百數而不止，前後左右盡蜻也。終日玩之而不去。其父告之曰：「聞蜻皆從女居，取而來，吾將玩之。」明日之海上，而蜻無至者矣。

〈精諭〉篇所述，精氣先於心智，心智所及則屬經驗層。心智之動，喜怒哀樂欲利之發，無不可形於言動視聽，此爲可傳可受，人所習用之表意方式。精氣之流形，乃稟於天，通於天者，非屬經驗層，雖可超越時空之限制展示特殊之作用，然而畢竟屬於可傳未必可受，或可受未必可傳者也，其中底蘊，

迄今莫之能究。〈審分覽・勿躬〉篇有一段說明：

> 若日之光變化萬物而無所不行，神合乎太一，生無所屈而意不可障，
> 精通乎鬼神，深微玄妙而莫見其形。

日光為自然之氣，精、神為人之氣，而精者、神者又非僅一氣而已，乃積之又積，變之又變，莫測其運者。且就感應言精或神之作用，亦必凝聚專一，始克致之，則精氣為本體又係工夫。此說頗類莊子見獨說，莊子心齋之目的在於呈現一「精神境界」，呂覽所云專一精誠之精神作用，卒在獲致「特殊之經驗」。莊子之道，經一系列之修養工夫，為可期、必然如實呈現者，非偶然靈感相應，亦無任何神秘色彩可言。呂覽之言感應者，則雖精誠求之，然非必然之呈現，亦非能期而必至者。徒待於靈感偶然之遇合，成為特殊經驗，此類經驗非可經由因果律作確切之把握，故感應說，仍具濃厚之神秘色彩。莊、呂之分際在於：《莊子》內篇所論，就生命修養深層之心靈言氣，落於精神境界上言，外篇則以氣為可超萬物形質拘限而流行。《呂氏春秋》言氣之感應作用，實明顯可徵，就超經驗言之人與萬物均可獲致感應經驗，並舉例以證。就此點而論，以今日科學之盛明，猶未能了解其中奧秘，然此種感應經驗之存在，則為不可否認之事實。

二、四時之氣　五行之氣

自然之氣，自甲文中對風、雨、雲之認識，經考察《易》、《書》、《詩》等古籍皆未有氣之名，直至《左傳》之六氣說，始對自然之流行現象，名之曰「氣」。此後，先民處於生活之必需，長期觀察經驗之累積，至《莊子》〈在宥〉、〈庚桑楚〉篇已顯示有相當程度之把握〔註33〕，至《管子》〈幼官〉（八）、〈幼官圖〉（九）及〈四時〉篇（四十）則已逐漸形成系統之認識，對自然界氣之流行，有精確之把握，且將對自然現象所得之認識作為人事、施政之依據，進而建構社會秩序，此種思想至《呂氏春秋》集大成，〈十二紀〉即為最佳之證明。

其次為陰陽五行說對自然界氣之理論演進發生莫大之影響。若考其思想則起原甚古，至騶衍而集其大成，騶衍之學說今不可詳考，《史記》將其人附於〈孟荀列傳〉，其說則雖經清人馬國翰集佚，亦僅存斷簡殘篇，難知底蘊。

〔註33〕《莊子》〈在宥〉、〈庚桑楚〉篇有大略之記載，見本章第三節《莊子》部份四新出氣義。

故不另立專章，併附於此說之。

　　《管子‧四時》篇所載有關自然界氣之資料有：

　　東方曰星，其時曰春，其氣曰風，風生木與骨。

　　南方曰日，其時曰夏，其氣曰陽，陽生火與氣。

　　中央曰土，土德實輔四時出入，以風雨節土益力，土生皮肌膚。

　　西方曰辰，其時曰秋，其氣曰陰，陰生金與甲。

　　北方曰月，其時曰冬，其氣曰寒，寒生水與血。

《呂氏春秋》對自然界氣之觀察，確有進於《管子‧四時》篇，其說主要見於〈十二紀〉之記載：

　　是月也，天氣下降，地氣上騰，天地和同，草木繁動。（〈孟春紀〉正月）

　　是月也，日夜分，雷乃發生始電，蟄蟲咸動，開戶始出。（〈仲春紀〉二月）

　　是月也，生氣方盛，陽氣發洩，生者畢出，萌者盡達。（〈季春紀〉三月）

　　是月也……國人儺九門，磔禳以畢春氣。（同前）

　　是月也……而甘雨至三旬。（〈孟夏紀〉四月）

　　是月也，長日至，陰陽爭，死生分。（〈仲夏紀〉五月）

　　是月也，土潤溽暑，大雨時行……甘雨三至三旬二日。（〈季夏紀〉六月）

　　涼風至，白露降。（〈孟秋紀〉七月）

　　是月也……天子乃儺，御佐疾，以通秋氣。（〈仲秋紀〉八月）

　　是月也，日夜分，雷乃始收聲，蟄蟲俯戶，殺氣浸盛，陽氣日衰。（同前）

　　是月也，霜始降，則百工休，乃命有司曰：「寒氣總至，民力不堪，其皆入室。」（〈季秋紀〉九月）

　　水始冰，地始凍，雉入大水爲蜃，虹藏不見。（〈孟冬紀〉十月）

　　是月也……天氣上騰，地氣下降，天地不通，閉而成冬。（〈孟冬紀〉

十月）

是月也，日短至，陰陽爭，諸生蕩。（〈仲冬紀〉十一月）

命有司大儺，旁磔，出土牛，以送寒氣。（〈季冬紀〉十二月）

管子分四時之氣爲風、陽、陰、寒。乃根據氣候之寒煖變化區分，陽爲煖氣、熱氣；陰爲涼氣、寒氣，分別隸屬於春夏秋冬四時。《呂氏春秋》除陰陽外，則注意及天氣、地氣、晝夜長短、風雨等現象之差異相，實承於《左傳》、《國語》之六氣說，且不出其範圍，唯觀審愈趨精密而已。所謂天氣、地氣者，蓋指因時煖而有水蒸气之蒸發與雲雨之溥施；雲霧瀰漫；復因時寒而不見絪縕之氣升騰下降，唯見霜雪，水凝冰，雨少則虹固不易見等具體之自然現象，實陰陽（寒煖）之作用也。風雨爲氣流行之現象，可感而不可見者爲風，可見而且可及者爲雨，春有東風，秋有涼風，因氣候之寒煖而生也。所謂甘雨、大雨、白露與雲、霜、雪等率爲水氣流行之不同形式；因地球自轉傾斜之角度與公轉之角度不同，遂致日照有因時之異，晝夜以是有長短之分。在先民之觀念中，日光本爲氣之一種形式，以晝夜現象規定之晦明於是具有氣義，總說爲陰陽風雨晦明六氣也。《呂氏春秋》十二紀有進於六氣說者，非止於觀察之細密而已，乃在於其論氣與萬物之關係，據引文之義，凡利於動物、植物生長者謂之生氣，有不利者謂之殺氣。例如代表煖氣之陽氣有利於萬物滋生，如草木繁動，蟄蟲咸動、生者畢出、萌者盡達等作用屬性，故陽氣亦謂之生氣；代表寒義之陰氣有阻於萬物之成長，如蟄蟲俯戶、民力不堪、殺氣浸盛、諸生蕩等作用屬性，故亦謂之殺氣。《呂氏春秋》更以自然之氣配合農事、政治之運作，〈季夏紀·音律〉篇云：

太英之月（正月）陽氣始生，草木繁動，令農發土，無或失時。夾鐘之月（二月）寬裕和平，行德去刑，無或作事，以害群生。姑洗之月（三月）達道通路，溝瀆修利，申之此令，嘉氣趣至。仲呂之月（四月）無聚大眾，巡勸農事，草木方長，無攜民心。英賓之月（五月）陽氣在土，安壯養俠，本朝不靜，草木早槁。林鐘之月（六月）草木盛滿，陰將始刑，無發大事，以將陽氣。夷則之月（七月）修法飭刑，還士屬兵，詰誅不義，以懷遠方。南呂之月（八月）蟄蟲入戶，趣農收聚，無敢懈怠，以多爲務。無射之月（九月）疾斷有罪，當法勿赦，無留獄訟，以亟以故。應鐘之月（十月）陰陽不通，閉而爲冬，修則喪紀，審民所終。

以四時、陰陽之氣分別配合音律、農事、刑政、軍事等，誠因人事之各項設制必配合自然界氣之運行故也。而陰陽代表殺、生等意義，遂浸發展爲具有宇宙論思想之二氣，可思過半矣。

騶衍遺說，《呂氏春秋·名類》篇所載者，爲今所見佚文較多之文字，其說云：

> 土氣勝，土氣勝故其色尚黃，其事則土⋯⋯木氣勝，木氣勝故其色尚青，其事則木⋯⋯金氣勝，金氣勝故其色尚白，其事則金⋯⋯火氣勝，火氣勝故其色尚赤，其事則火⋯⋯水氣勝，水氣勝故其色尚黑，其事則水。

五行者，水火木金土也，初民歸納賴以生存之五種物類所得，推衍爲五種基本物質。此五行可相生，亦可相勝。蓋相生者，土生金，木生火，金生水，火生土，水生木也；相勝者：木勝土，金勝木，火勝金，水勝火，土勝水也。爲初民虧察自然物類相互關係，而作簡單之物類循環論解釋。木生則破土而出，斧斤伐木，火可鍛金鑠金，水可滅火，土可掩水，故爲相勝說也；金從土出，鑽木取火，金鎔則流行，其狀若水〔註34〕，火焚木則化爲灰土，水灌澆則木茂長，故爲相生說也。此先民常識所能驗者也。其說與氣結合，與《莊子》外、雜篇之流行觀念不無關係，且騶衍立說之時，諸子論氣已普遍〔註35〕，氣已有化生之功能，附以五行，更無新義可說，茲不再論。

〔註34〕 《騶衍遺說考》，王夢鷗著，商務印書館，頁68。
〔註35〕 以莊子爲例，莊子（370～295 B.C.）、騶衍（345～275 B.C.），騶衍時代稍後於莊子。

第五章　氣之知識性論述

第一節　知識義之確立及其論述之成立背景

一、知識義之確立

　　本章所謂知識，乃以感覺經驗爲基礎，運用概念思辨或推論之所得。《荀子》以思辨推理方式，將氣定義爲構造萬物基本之元質。養生及醫學家則以感覺經驗爲基礎，提出有關氣之系統論述。本章論述之知識義，乃基於上述規定。蓋基於思辨及邏輯以成就知識，乃西方哲學家之所長，中國哲學主流自有其價值取向，向來對知識問題多未措意，此種趨勢，或可說明中國向未發展出理論科學之一原因。馮友蘭在其《中國哲學史》緒論中嘗作相關之說明：

> 中國哲學未以知識問題爲哲學中之重要問題，其所以：固由於中國哲學家之不喜爲知識而求知識，然亦以中國哲學迄未顯著的將個人與宇宙分爲二也。西洋近代史中，一最重要的事，即是「我」的自覺。「我」已自覺後，「我」之世界即中分爲二：「我」與「非我」。「我」是主觀的，「我」以外之客觀的世界，皆「非我」也。「我」及「非我」既分，於是主觀、客觀之間，乃有不可踰之鴻溝，於是「我」如何能知「非我」之問題，乃隨之而生，於是知識論乃成爲西洋哲學中之一重要部份。在中國人之思想中，迄未顯著的有「我」之自覺，故亦未顯著的將「我」與「非我」分開、故知識問題未成爲中國哲學上之大問題。〔註1〕

〔註 1〕《中國哲學史》，馮友蘭撰，翻印本，頁 10～11。

誠然，中國迄未發展出知識論及現代科學乃一事實，然其中非有邏輯之必然性，而只有歷史之必然性〔註2〕。牟宗三先生對此問題有獨到之見解：

> 科學知識之必要，在中國是無而能有，有而能無；在西方是無者不
> 能有，有者不能無。〔註3〕

此亦可說明中國哲學之大本原非在知識之追求，而在於生命眞實之探索，知識問題可涵融於生命中，生命卻遠非知識所能窮盡。此點正爲荀子知識心何以成立？及養生及醫學家何以停滯於感覺經驗層次之一重要因素。

二、氣之知識性論述之成立背景

春秋以降，官學沒落，孔子開民間講學之風，民智大啓；諸子學術亦於是興焉。孔孟老莊著重於主體性之學說既已建立，致使「客觀之認知精神」反而隱晦未顯，遂成爲中國哲學內部缺陷所在〔註4〕。戰國末年，理智之思辨既得充分發展，荀子之心靈乃代表此一趨向——儒家客觀精神——之發展，對客觀世界有更新之見解。若對宇宙現象之認識稍作回顧，即可明白當時諸子之客觀精神，荀子亦不例外，其於「氣」亦本此精神而討論。又當時人體醫學客觀知識之進步，追求長生者及醫學家乃就養生之觀點討論「氣」，亦使「氣之知識性格」於焉確立。茲略述其成立背景，至若詳情則分述於各節。

春秋以降，諸子對宇宙間不同層次之問題，間亦表現出頗爲不凡之智性認知。早在荀子之先，孟子即對天文有睿知之認識，〈離婁下〉云：

> 天之高也，星辰之遠也，苟求其故，千歲之日至，可坐而致也。

此言天象之規律性可把握，循此以深究其根本原因，則雖千百年後之「至日」，亦可經由推算得知。天地何以不墜不陷？古代之神話傳說，已無法滿足人之求知，諸子乃試就客觀世界本身求索答案，惠施即爲此中之代表，《莊子・天下》篇記載惠施之說，其說云：

> 南方有倚人焉曰黃繚，問天地所以不墜不陷，風雨雷霆之故，惠施
> 不辭而應，不慮而對，徧爲萬物說，說而不休，多而无已，猶以爲
> 寡，益之以怪。

〔註2〕《中國哲學十九講》，牟宗三述，學生書局，頁10。
〔註3〕《現象與物自身》，牟宗三撰，學生書局，頁121～125。
〔註4〕《中國哲學史》，勞思光撰，三民書局，卷三下「客觀化問題」中論及，頁
517。

以惠施善於形式思辨，則其「萬物說」必有所根據，且符名學思辨之法則，惜乎其說今不見傳。徵諸文獻之片斷記載，猶可略知當時各家說法之一斑，可大別爲水浮、氣舉、運動諸說。水浮說見於《管子・地數》篇：

> 地之東西二萬八千里，南北二萬六千里：其出水者八千里，受水者八千里。

氣舉說見於《素問・五運行大論》：

> 帝曰：「地之爲下，否乎？」歧伯曰：「地爲人之下，太虛之中者也。」
> 帝曰：「馮乎？」歧伯曰：「大氣舉之。」

氣爲大地安定憑藉之思想，和《莊子》外篇氣化論之說相類。運動說則見於《管子》、《莊子》二書，尤較前說合理深刻：

> 天地不可留，故動：化故從新，是故得天者高而不崩。（《管子・侈靡》）

> 天其運乎？地其處乎？日月其爭於所乎？孰主張是？孰綱維是？孰居無事推而行是？意者其有機緘而不得已邪？意者其運轉而不能自止邪？（《莊子・天運》）

莊子所謂「有機緘而不得已」「運轉而不能自止」固仍未脫臆測之辭，然已去神話遠矣。

有關宇宙本原之說法，除陰陽及五行說外，《管子》書嘗提出水、氣之說。〈水地〉篇云：

> 水者何也？萬物之本原，諸生之宗室也。地者，萬物之本原，諸生之根菀也。

將五行之多樣元素，歸納於「水」或「地」之單一元素，在思想上不能不視爲一大進步。或許在解釋上仍有困難，或許《管子》書本爲彙集成編，《管子・內業》又提出「氣」爲萬物本原之新見，爲物質世界提供一較爲合理之解釋，其說如下：

> 精也者，氣之精者也。（《管子・內業》）

> 凡物之精，化則爲生，下生五穀，上爲列星，流於天地之間，謂之鬼神：藏於胸中，謂之聖人。（《管子・內業》）

荀子將此說更進一步歸納，〈王制〉篇云：

> 水火有氣而無生，草木有生而無知，禽獸有知而無義，人有氣、有生、有知亦且有義，故最爲天下貴也。

氣爲萬物根原說，發展至荀子已形成一完整之理論體系，詳情請見本章第二
節。

　　在醫學方面，上古雖巫醫不分，至春秋時代，由於長期經驗之累積，學
術文化之發展，專業醫生之出現，醫學理論遂形成一定程度之水準，吾人自
《左傳》昭公元年一段記載中，不難發現上述事實：

> 晉侯求醫於秦，秦伯使醫和視之。曰：「疾不可爲也，是謂近女室，
> 疾如蠱，非鬼非食，或以喪志。……」公曰：「女不可近乎？」對曰：
> 「節之。……天有六氣，降生五味，發爲五色，徵爲五聲，淫生六
> 疾。六氣曰：陰陽風雨晦明也。分爲四時，序爲五節，過則爲菑。
> 陰淫寒疾，風淫末疾，雨淫腹疾，晦淫惑疾，明淫心疾。女，陽物
> 而晦時，淫則生內熱蠱惑之疾，今君不節不時，能無得此乎？」

據此可知當時以四時、五節、六氣等氣候變化形成病因之概念已確立。六氣
淫則生疾之說，間接影響後世「陽盛則熱，陰盛則寒」之病理學說。天人相
應之醫學思想已初步形成。

　　至戰國末年、秦漢之際，乃吸取諸子學說，逐步形成一套《內經》之醫
學理論，其中已大量使用「氣」之概念建立生理、病理、循環、保健之名詞
及系統理論。基本上，《內經》將人體視爲具體而微之宇宙，醫學理論之建立，
仍不離諸子思想之範圍，尤以先秦道家思想之影響最爲明顯〔註5〕。後世醫學
家嘗歸納之，竟認爲一切生理功能之發揮，皆爲「氣化」過程〔註6〕。此處《莊
子》外篇思想之痕跡顯然可見。

　　如上所述，本章乃依據荀子之知識系統，與後來道家之導引長生，以及
醫學所規定之知識義，分別作一番審察，尋其思想之眞相與脈絡，就氣之發
展史觀之，可謂完全落入對象義、實體義。是以其哲學之色彩乃逐漸褪去，
轉爲經驗科學知識之性質。

第二節　《荀子》之氣論

　　荀子在先秦諸子中，除其弟子韓非外，最爲晚出。荀子爲戰國末年趙人，

〔註5〕《氣の思想》，頁280，引馮友蘭「先秦道家哲學主要名詞通釋」（1959）中「先
　　　秦道家思想與醫學的關係」（《中國哲學史論文集》所收。上海人民出版社，
　　　1962年）。

〔註6〕《中國醫學史略》，作者不詳，啓業書局，頁57。

約生於趙肅侯十五年（西元前 336 年），卒於趙悼襄王七年前後（西元前 238 年），高壽而終。生前三爲稷下祭酒，晚年著書立說，終老蘭陵。荀子博聞彊記，推論儒墨道德之行事興壞，著述數萬言，今所見者，乃二十卷三十二篇本之《荀子》。此書初由劉向校錄，原名《孫卿新書》；《漢書‧藝文志》著錄，改稱《孫卿子》；唐楊倞注，省稱《荀子》，遂成通名。今據以論述。首先言「元素之氣」：

一、元素之氣

〈王制〉篇所載一段文字，最足以代表荀子論「氣」之基本思想：

> 水火有氣而無生，草木有生而無知，禽獸有知而無義，人有氣、有生、有知亦且有義，故最爲天下貴也。

此種將水火、草木、禽獸與人之成份分析、比較而建構論說之思路，完全殊異於孟子，爲荀子「知識形態」之心靈所特有。若欲討論二家之中心思想，亦宜由辨其「心」之性格入手。此乃孟、荀學說分歧所在。孟子由仁義禮知四端之心論心之善即性之善，故所呈現心之本質乃道德形態之德性心；荀子雖正面認同儒家學術之大體，然其思路誠有異於孟子之德性系統，另闢一重智之蹊徑。因荀子知識心之形態能否確立，關係其論氣之歸趣，故於討論正題之先，特有加以辨明之必要。

荀子善於融攝諸子思想，可由其書中義理得到充份之證明〔註7〕。其論心亦然，所同於墨子者，在於重視心具有認知作用，《墨辯‧經上》：

> 知，材也。
>
> 知，接也。
>
> 知，明也。

此乃言「認知」之成立，必具備認知之主體，即涵人所憑以認知之感官，與被知之對象，主體接觸作用及思辨能力皆屬之。荀子亦云：

> 凡以知，人之性也；可以知，物之理也。（〈解蔽〉）
>
> 所知之在人者，謂之知；知有所合，謂之智。心有徵知，徵知則緣耳而知聲可也，緣目而知形可也。然而徵知必將天官之當簿其類，

〔註7〕 詳見荀書〈解蔽〉、〈非十二子〉等篇。另論禮義之統則承儒家，論天則承道家之自然義。馮友蘭《中國哲學史》亦謂「中國哲學家中，荀子最善於批評哲學。」若非融攝各家於胸臆，其於批評何據？

　　然後可也。五官薄之而不知，心徵之而無說，則人莫不然謂之不知。

　　（〈正名〉）

荀子以自然言性，五官與心官皆人之所以知，且爲自然稟賦，故曰「凡以知，人之性也。」被知者爲物，物有理，故「可以知」也。「所知之在人者」即知之主體。「有所合」，合於物也。「心徵之」，則明辨之、判斷之，用以明物之理，此之謂智。智者，知識也。荀子於知識產生之過程剖析毫釐，蓋有承於墨子也。於莊子之論心，荀子亦有所承，然本質不同。莊子論虛明靈臺心之「虛一而靜」乃道心所直接呈現境界之價值義，爲超知性層；荀子所論知識心之「虛壹而靜」乃知識邏輯思辨之工夫義，〈解蔽〉篇云：

　　人何以知道？曰：心。心何以知？曰：虛壹而靜。心未嘗不藏也，
　　然而有所謂虛。心未嘗不兩也，然而有所謂壹。心未嘗不動也，然
　　而有所謂靜。人生而有知，知而有志，志也者，藏也。然而有所謂
　　虛，不以已所藏害所將受謂之虛。心生而有知，知而有異，異也
　　者，同時兼知之。同時兼知之，兩也。然而有所謂一，不以夫一害
　　此一謂之壹。心臥則夢，偷則自行，使之則謀，故心未嘗不動也。
　　然而有所謂靜，不以夢劇亂知謂之靜，未得道而求道者謂之虛壹而
　　靜。

此論心之所以能不斷受新知，能不斷認知、判斷及儲存，非但不以舊有之知妨害新知之接受，且能以舊有之知增進新知之接受，此乃有「虛」之工夫使然，若無此工夫則常自滿，惟自知有所不知，而後能知之，若自以爲無所不知，是以容有不知。故心要虛方能受。心能虛，故能受「道之全」，知物能不存偏見。「心未嘗不兩也」即因學習認知之對象雜多而分心，故要求專一之工夫，於認知時必求一心專注，始有所得，若缺乏「壹」之工夫，則其功效必因心兩而未湛，此之謂「以夫一害此一」。而認知過程中，未嘗不用其審察慮決之判斷、運作紛然而常浮動，苟不能靜，則不能常保清明。心於認知時，必有虛一而靜之工夫，方有大清明之心，始克保障「知之活動」成爲可能。

　　荀子以心之功用在於知與辨，爲「認識心」，非孟子之「道德心」。如以上所述，知必有對象，恆與認識心相對者，乃客觀化爲外在者，而非超越知之能涵攝對象於主體而爲一「全」。故荀子之學術統紀雖在儒，然其重客觀精神則迥異於孔孟之重主體精神與絕對精神。此客觀認識主體之成立，對於自

然亦首先提煉爲「是其所是」之自然，故荀子之「天」爲自然之天，爲價值中立，不爲堯存，不爲桀亡，人可制用之者。希臘所代表之西方哲學傳統亦然，然西方順此則開出邏輯數學，唯荀子精神在儒，並未順此作純形式之思考，故雖有正名之作，並未開出邏輯數學之純形式理論。可推而知者，凡順以上客觀思辨之進路，則在知識上必止於經驗與可徵之實在。孟子言性善，故仁義內在，此得諸孔子「吾欲仁，斯仁至矣！」及「天生德於予」之本旨。荀子未能就此把握，故大本不立，遂尋仁義於外，其心止於知，並順此建立客觀精神，而不能返悟以把握主體精神，故其學說恆不契於孔孟。又以其重外在、客觀，又不能返見本原之善，遂轉而言師法聖人之僞，言積習，所重在學。荀子云：

> 學惡乎始？惡乎終？曰：其數則始乎誦經，終乎讀禮。其義則始乎爲士，終乎爲聖人。眞積力久則入，學至乎沒而後止也。（〈勸學〉）

> 故有師法者，人之大寶也；無師法者，人之大殃也。（〈儒效〉）

> 彼求之而後得，爲之而後成，積之而後高，盡之而後聖，故聖人也者，人所積也。（〈儒效〉）

> 聖人積思慮，習僞故，以生禮義，而起法度。然則禮義法度者，是生于聖人之僞，非故生于人之性也。（〈性惡〉）

聖人由積習爲學而成，禮義由聖人而制，其根據在外而不在內，然則人僞之憑藉全在心，此心又爲知識心，故落於經驗層。經驗之事千頭萬緒，究極之，則學必歸於嘗試錯誤。禮義必生於利害權衡，是故「禮義之統一雖合乎道德，而其根據則爲自然、功利之經驗論也。順荀子思路所函，必導於此而後止，終無道德仁義之自覺。未能悟得聖人何以制禮義？此創制禮義之心所從出者爲何？其心思一往而不返，於關鍵處不能轉過，於終極處不能通透，遂使禮義成爲外在而空頭無掛〔註8〕。所以判定荀子論「氣」落於知識義原因一也。

荀子雖有禮義之知識，卻於禮義本原無所體悟，故所論禮義、道德乃成爲外在之規範，爲一知識概念可知。凡無道德心之自覺者，其道德行爲僅止於「他律道德」，而非「自律道德」。道德心自覺發用，遇事則溥博淵泉出之，

〔註8〕《名家與荀子》，牟宗三撰，學生書局，頁198。

偏體萬物而不遺。若訴諸外在之道德知識概念及規範，則事象萬端，必不能
盡識萬事萬物，以有涯逐無涯，殆已。遂使道德實踐成爲有依待且落入有限，
其甚者則導致價值異化。當知道德本乎仁心，其實踐無待於外，只求此心之
安否？此心一現則全幅爲仁義禮智。反觀荀子之爲聖人，隆禮義，已成爲高
懸於外之鵠的，實踐時則成爲知識對象而非仁心自覺，則其實踐頓成爲間接
及規範性之行爲，故所呈現者，乃全幅之認知，爲量之累積廣被，知之多寡
與仁心之體現，兩者迥然不同，故其去仁之本質也遠矣。此荀子知識性格所
以成立原因二也。

　　荀子思想之知識性格既已確立，則其論氣之定義方式，如上文所引者，
顯然接受《莊子》外篇思想，以氣爲萬物共通之本質，而義則人獨有之，人
所以爲天下貴者亦在於此。義乃出自人僞，其餘成份皆屬自然生成，爲與生
俱有，與義相對者，此爲荀子之系統所涵。荀子何以將「與生俱有」之成份
與「人僞」之成份相提併論，是否爲凸顯人之所貴在「天生人成」？暫不置
論，其所貴者在人，則無庸疑。「與生俱有」之成份本爲價值中立者，人之行
爲若過於禮義法度，則惡生於此，故荀子以之爲涵有流於惡之傾向，相對於
道德心之自主而言，則「與生俱有」之官能僅爲資具，必以人僞之禮義規範
之，此荀子性惡論之眞義也。由其「氣、生、知、義」之價值層次，「氣」處
最下，爲基本物質。此一概念體系，廣爲後人接受。西哲亞里斯多德時代稍
早於荀子，亦嘗於研究人與物之區別時，提出頗爲相類之靈魂階梯說：認爲
植物有生長之靈魂（regetative souls），動物有生長之靈魂與感覺之靈魂
（sensitive souls），人類除此外，尙有理性之靈魂（rational souls）。亞氏學說
若與荀子比較，則獨缺共有之物質基礎，荀子稱之爲「氣」者。朱熹亦嘗用
荀子此說闡明其理氣說：

　　　天之生物有「有血氣知覺」者，人獸是也；有「無血氣知覺但有生
　　　氣」者，草木是也；有「生氣已絕而但有形質臭味者，枯槁是也；」
　　　是雖其分之殊而其理則未嘗不同，但以其分之殊，則其理之在是者，
　　　不能不異，故人爲靈而備有五常之性，禽獸則昏而不能備，草木枯
　　　槁則又并與其知覺而亡焉。〔註9〕
繼朱熹之後，明代之生物學家王逵增益其說：

〔註9〕《朱子大全》〈文集〉卷五十九，頁38，四部叢刊正編，臺灣商務印書館，《朱
　　　　文公文集》冊三，頁1078。

　　天賦氣，氣之質無性情；雨露霜雪無性情者也。地賦形，形之質有
　　性而無情；草木土石，無情者也。天地交則氣形具，氣形具則性情
　　備焉；鳥獸蟲魚，性情備者也。鳥獸蟲魚之涎涕汗淚得天之氣，鳥
　　獸蟲魚之羽毛鱗甲得地之形，豈非其氣形具備性情乎？〔註10〕

茲將上列各說表列如下：

　　1. 亞里斯多德：
　　　　植物──生長之靈魂
　　　　動物──生長之靈魂、感覺之靈魂
　　　　人類──生長之靈魂、感覺之靈魂、理性之靈魂

　　2. 荀子：
　　　　水火──氣
　　　　草木──氣、生
　　　　禽獸──氣、生、知
　　　　人類──氣、生、知、義

　　3. 朱熹：
　　　　枯槁──形質
　　　　草木──形質、生氣
　　　　獸──形質、生氣、血氣
　　　　人──形質、生氣、血氣、五常之性

　　4. 王逵：
　　　　天────氣（雨露霜雪）
　　　　地────形
　　　　草木土石──氣、形、性
　　　　鳥獸蟲魚──氣、形、性、情
　　　　人────氣、形、性、情、義

以荀子、朱熹二家相較得知：在「氣」為構成萬物之基本物質上，荀子之生
即「生氣」義，《荀子》之知即「血氣」義，則氣之涵義逐漸提昇，益顯豁可
知。荀子之「生」，即朱熹之「生氣」，亦即為莊子「生，氣之聚，死，氣之
散」（〈知北遊〉）自然生命之生。至於「血氣」則在荀子言論中以為構成「知」
之重要因素，由此而討論「養心治氣」：

〔註10〕《蠡海集》，王逵，百部叢書集成，《稗海》，藝文印書館，氣候類，頁50。

二、養心治氣

　　有血氣之屬必有知。（〈禮論〉）

　　有血氣之屬，莫知於人。（〈禮論〉）

是以知人之血氣爲知覺之基礎，故修養其血氣爲君子必要之工夫，君子之知爲「血氣之精，志意之榮。」〈賦篇〉「血氣和平，志意廣大。」〈君道〉血氣之用在致知，與心志意向相表裏，類似爲感官之能力。此血氣已由當初具體指謂生命力之義，兼指更具體之感覺能力。荀子謂生命總體外見之「相」爲「氣色」，〈勸學〉篇云：「不觀氣色而言，謂之瞽。」此氣色即血氣志意、心理情緒所表現於外者，故〈非相〉篇云：「血氣態度擬於女子」是以知血氣及氣所指，皆屬血肉形軀或其官能作用而言，由此可生發「知慮」之精神作用，荀子固知精神作用必以物質爲基礎，然不完全受物質作用影響，故精神作用恆高於其物質基礎。〈正論〉篇云：

　　血氣精力則有衰，若夫智慮取舍則無衰。

血氣有時而衰，智慮則往往隨年壽而增長，血氣與氣皆爲自然賦予之資具，故可修治以求長生，〈修身〉篇云：

　　以治氣養生，則身後彭祖。

　　治氣養心之術：血氣剛強，則柔之以調和；知慮漸深，則一之以易
　　良。

其治氣之術與老子「專氣致柔」實一脈相通，荀子認爲「自然生成」之性，易與外在邪污之氣接，而有流於惡之傾向〔註11〕，故設禮樂以治之。血氣自然之性，爲禮樂對治之對象，禮樂爲聖人所制，人僞所起，順此義則可論荀子以天賦自然之性受治於人事，此義則爲荀子「天生人成」「人文化成」之一貫思想。與孟子以氣配道義，養浩然之氣之義理方向有根本之歧異，蓋由於孟子正面肯定人之善，充此善以調養本然之氣，充實之則充塞蒼冥，而爲「浩然之氣」，與天地參。荀子落在形軀言氣，孟子之氣可直契心之善端，此兩家論氣之殊異處也。荀子之氣說與莊子積極肯定自然氣稟，不重人爲機巧之觀點亦有顯著之差異〔註12〕，荀子肯定善生於「人僞」，乃其立說之積極面，兩家之觀點亦不相侔。

〔註11〕《荀子》，四部叢刊本，商務印書館，〈樂論〉卷十四，頁1。

〔註12〕《氣の思想》，第二章「戰國諸子における氣」第二節『荀子』と『呂氏春秋』における氣，頁86。

　　以荀子哲學之重點在「人僞」，乃純就人事立場發言，重視人之作爲，類似西方哲學經驗主義實在論者，以人僞之「禮義之統」最爲貴，而對「人僞」所無法參與之生物創造層面之「氣」而言，既不入於「人僞」之列，又爲被對治者，其於荀子思想中，不爲所貴，亦從而可知。果如上述，則荀子「氣之體系之中，所言『人之有義』之義，荀子雖未嘗言明爲天生抑或人僞，以其說推之，義屬「人僞」，固不宜將「義」與自然生成之「氣、生、知」並列，此爲荀子「氣之體系」理論欠圓足之處。然置於荀子自身之思想脈絡觀照下，人最爲天下貴者，即在於有「義」，人類社會即在實踐此「禮義之統」亦名曰「人文化成」，故全宇宙即涵攝於「人僞」系統中，此說實爲荀子哲學中「道」之第一義。外於「人僞」系統之陰陽之氣，人之生氣與血氣，乃爲一客觀、物理性之性質可知。

　　荀子論「自然之氣」與其橫攝之知識系統不可分割，必納入其〈天論〉中，始易於瞭解。〈天論〉云：

　　　天行有常，不爲堯存，不爲桀亡，應之以治則吉，應之以亂則凶。
　　　彊本而節用，則天不能貧，養備而動時，則天不能病，修道而不貳，
　　　則天不能禍。

天有自然律則曰常，與人道無必然之相應關係。人事之「理、亂、吉、凶」率由人自取，非由天命。故納於自然律下之自然之氣，不爲有意志之人格，亦無任何權威可言，僅爲一客觀認知對象。〈天論〉云：

　　　四時代御，陰陽大化，風雨博施，萬物各得其和以生，各得其養以
　　　成。

陰陽、風雨爲自然之氣之流行，規範於自然律下。氣爲萬物生存之依據，並無任何價值取向，至於氣之自然律則運行現象是否有人格神之志意動使，則非人事所應參與或能知者，〈天論〉云：

　　　不見其事而見其功，夫是之謂神。皆知其所以成而莫知其無形，夫
　　　是之謂天功，唯聖人不求知天。

深不可測之謂神，非人格神也。誠以自然生化之義，窅渺難知，是以歸諸自然，故荀子將自然生成者皆命以「天」義，諸如天官、天情、天心……用別於人僞之統，人則以「知識心」建立「禮義之統」，以治人之生氣、血氣，以免誤入惡途。且認識自然之氣所形成之陰陽、風雨等現象，載其律則，制之用之，以成人事，此則爲儒學完成外王事業之一大轉變，乃儒學至戰國末年

又一新發展，此一與「德性」殊途之「智性」系統，由荀子所開出之方向，惜乎未能薪傳，誠爲思想史上之缺憾。

第三節　煉氣家之氣論

　　檢視過荀子有關於氣之言論後，本節將轉而討論出現於戰國末年秦漢之際，爲後來道教先驅之道引長生——煉氣方術之內涵，及其在氣之發展史上應有之份位。姑且不論煉氣實際效驗如何，由此一方面之文獻資料顯示：氣爲一客觀具體之存在，並可經驗認知，此點似已被肯定。本節之討論將分兩段進行：首先，就其思想淵源是否逕出於老莊之說作一省察。其次，探究氣在經驗層面是否足徵。

一、長生說源於老莊思想辨說

　　若「長生」之義解爲盡其自然之壽而不中道夭者，老莊思想固已涵之。《莊子・養生主》云：「緣督以爲經，可以保身，可以全性，可以養親，可以盡年。」盡年者，享自然之壽，即《孟子・盡心》篇「不立乎巖牆之下，不桎梏而死」之義。莊子乃以此爲得其天年，此雖非其終極之道，亦未必不涵此義。老子有長生久視之說〔註13〕，莊子於其理想人物——神人、至人，亦嘗有超經驗之描述，如：

　　藐姑射之山，有神人居焉，肌膚若冰雪，淖約若處子。不食五穀，吸風飲露，乘雲氣，御飛龍，而遊乎四海之外。（〈逍遙遊〉）

　　至人神矣！大澤焚而不能熱，河漢沍而不能寒，疾雷破山「飄」風振海而不能驚。若然者，乘雲氣，騎日月，而遊乎四海之外。（〈齊物論〉）

　　之人也，物莫之傷，大浸稽天而不溺，大旱金石流土山焦而不熱。（〈逍遙遊〉）

　　吾修身千二百歲矣，吾形未常衰。（〈在宥〉）

　　千歲厭世，去而上僊，乘彼白雲，至於帝鄉。（〈天地〉）

諸如此類之章句，往往爲後世主張長生說者所取資。世人遂以爲長生思想即源於老莊，果如是乎？茲就下列四點探其究竟。

〔註13〕《老子》五十九章。

（一）思想歸趣

老莊思想之終極關懷，雖有同異，要皆在於使人心之有執轉化爲無執；將經驗世界之成心，轉化爲沖虛靈明之道心，因而呈現一絕對之精神境界——純屬精神者，乃一無執、無待，自適自然之沖虛境界。其宗旨並不落於自然生命常住不壞之追求則甚明，蓋形軀生命之長生追求，即已落於我執，而又有其依待條件存在，遂陷於關係條件系列中，作無窮追逐，此乃「他然」而非「自然」。且形軀生命爲具體之存在，有時空之限制，亦有別於精神之沖虛境界，此乃老莊思想與長生說根本之差異。

（二）生死觀

老子對生命之看法，在回返自然。人爲之強求，實無益於長生。甚且執著以人之身軀爲生之大患，不順應自然而蘄求長生，猶恐爲禍而非福〔註14〕。莊子更勘破死生，視死生如夜旦之常，以死生爲一條，死生爲無異，以生爲徭役，死爲休息；毋須好生惡死，人之生直如弱喪而不知歸者〔註15〕。其去長生之想也亦遠矣。或以爲長生之術，神仙之說，其內容或不止於形軀之常住，然意在不死，身隨彭祖，誠其終極所願。踵事加厲，鍊氣、辟穀、燒丹、羽化等，皆在求保精氣神之不竭，能祛老病，唯能不死爲最大之關心，最勘不破者唯一死，此實大異於老莊者二也。

（三）審文義

若止於載籍誌存，又未審其文義所在；即冒然說後世長生神仙說源於老莊，誠恐有斷章取義之嫌，不能得相應之了解。例如老子「根深柢固，長生久視。」旨在申說得道之人，重積德而無不克，心中虛靈而能不執，不執則精神能超越，以至於無極，如此，則能與天道同在，與自然同其長久，死而不亡，能久能壽，屬境界價值義，而非事實義。苟執其實而不能虛，則形軀之有生有死，乃必然之現象，固執於道引長生，莫不落於條件系列，淪於現實流轉，自老子視之，乃陷溺於得道之途，大悖於「爲道日損」之原則，終

〔註14〕《老子》二十三章：「飄風不終朝，驟雨不終日，孰爲此者？天地，天地尚不能久！而況於人乎？」《老子》十三章：「吾所以有大患者，爲吾有身，及吾無身，吾有何患？」

〔註15〕《莊子·齊物論》：「予惡乎知說生之非惑邪！予惡乎知惡死之非弱喪而不知歸者邪！」有關莊子死生之論可參見本文第四章第三節莊子之氣論，死生一氣之說。

無與於常道。

　　《莊子》書固嘗載有養形之說，然從未以其境界爲上，除前引〈養生主〉之文字外，另有外物、〈刻意〉篇云：

　　　　靜默可以補病，訾娍可以休老，寧叮以止遽。雖然，若是，勞者之務也，非佚者之所，未嘗過而問焉。（〈外物〉）

　　　　吹呴呼吸，吐故納新，熊經鳥申，爲壽而已矣，此道引之士，養形之人，彭祖壽考者之所好也。（〈刻意〉）

休老養形，乃勞者之務；刻意而高，莊子不取，似其未與於道也。然而莊子最受爭議者不在此，而在於前文所引述超經驗之陳述語句。今欲決其疑，必撥其文字之霧障，遒批其理而後可。《老子》之言本多正言若反，《莊子》之重言、卮言、寓言更是汪洋無涯，難以認眞，或以其文字弔詭已亟，連狂俶詭，不可捉摸，或竟以其文作爲文學之比喻、象徵，皆不得其要，要知此類文字，非外在經驗之寫實，乃道心呈現之傳述而已。蓋道心所呈現之玄冥境界，爲屬於直覺之知之直覺經驗，當此之際，虛室生白，吉祥止止，即止即照，透顯一超乎辨解之「純粹經驗」，即使將莊子哲學視爲神秘主義者，亦不作神仙解之，馮友蘭以詹姆士哲學說解：

　　　　在純粹經驗中，個體即可與宇宙合一。所謂純粹經驗（pure experience）即無知識之經驗。在有純粹經驗之際，經驗者，對於所經驗，只覺其是「如此」（詹媽士所謂"that"）而不知其是「什麼」（詹姆士所謂"what"）詹姆士謂純粹經驗，即是經驗之「票面價值（Eace value）」，即是純粹所覺，不雜以名言分別（見詹姆士急進的經驗主義："Essays in Radical Empiricism"三十九頁）……莊學所謂眞人所有之經驗，即是此種。其所處之世界，亦即此種經驗世界也。」（《中國哲學史》，頁 298～299）

安樂哲在其所著《中國哲學問題》亦云：

　　　　對體悟此一包含體悟者與被體悟的對象均在內的「唯一」而言，吾人只能藉助於一項極端的經驗性經驗（Radically Empirical Experience）。準此，吾人可知《莊子》的「本體論（Ontology）」與其「知識論（Epistemology）」係一致的。在此經驗層次裏，吾人可看出「眞實」就是「道」，而吾人心靈的境界亦係「道」；在此世界所體悟的知識當然也是「道」。此種經驗是超越辨別的，是經驗者，

所被經驗者的對象，以及此一經驗本身的不可分割的整體。

自上引二說論之，道心之觀照活動乃超經驗界之玄冥境界，爲一境界義，安氏稱爲極端之經驗性經驗，乃「無知之知」「玄同彼我」之渾沌。即在道心觀照下，只有「一」而無「雜多」，故能體現「天地與我並生，萬物與我爲一」之境界。知乎此，方識其文何以竟似神仙之說，而又皆屬眞人、至人及天人見道之語之所以故。

（四）不死之說另出有源

就以上討論觀之，長生說是否濫觴於老莊，及是否老莊思想理論內涵有以致之〔註16〕，猶恐有待商榷。純就「不死」觀念起源而論，實早於老莊。《左傳》昭公二十年，齊景公問晏子曰：「古而無死，其樂若何？」足徵祈求長生之思想，早於春秋後期已萌芽，《史記‧封禪書》亦記載齊燕之士「爲方僊道，形解銷化。」〔註17〕《戰國策‧楚策》云：「有人獻不死之藥於荊王。」〔註18〕此二則所記，未必早於老莊，然就資料而論，當時不死之說必已流布於燕、齊、楚一帶，則爲事實。若起源於老莊思想，就古代之著述方式及傳播方式，是否能迅速如此，尚可存疑。可見長生神仙之說乃別有權輿，因先秦典籍，阨於秦燬，所存諸子書特老莊多載養生說，用申其道義，遂爲後世傅會所本，於是後世以爲神仙說起於老莊，意恐爲未察之言也。且後人之樂於附會，與是否源自老莊，明白之士宜有所辨之。

二、煉　氣

前說意在辨明道引長生、不死思想非直出於老莊，並非否定道引之人，煉氣方術之存在，《呂氏春秋‧本生》篇云：

世之人主貴人，無賢不肖，莫不欲長生久視。

老莊書中既載其事，則必眞有。唯據老莊之言，其用在養形，是否以追求長生爲終極理想，則未可輕易論定。據近年馬王堆三號漢墓出土之帛書資料所載道引圖〔註19〕，並有熊巠（經）、信（申）、㲋北（鷂背）等圖與名稱，與《莊子‧刻意》篇：「吹呴呼吸，吐故納新，熊經鳥申。」之記載相合。所謂

〔註16〕勞思光《中國哲學史》，卷二，漢代哲學：漢代哲學之內在解析。

〔註17〕《史記》，清乾隆武英殿刊本景印，藝文印書館，卷二一八，頁10。

〔註18〕《戰國策》，點校本，里仁書局，卷十七，頁564。

〔註19〕民國六十一年初湖南東郊五里牌附近馬王堆遺址出土大批西漢初期（西元前175～145）文物，三號漢墓出土帛書中載有〈導引圖〉。

「道引」即「道氣令和，引體令柔。」之並稱。為以呼吸與體操結合之醫療身法〔註20〕。除醫療之功能外，亦有健身之作用。此引氣之法，即後世所稱之「氣功」或「煉氣」，與傳統醫學有密切關係。乃通過引氣之內部鍛鍊，使血氣調和，經絡之氣順暢，以達袪病或養形之目的，老子有專氣致柔之說，莊子有〈養生〉之篇，至《管子》書而此說大盛，可以充分反映戰國之季，煉氣養形說之蓬勃之概況：

> 道血氣以求長年、長心、長德，此為身也。（〈中匡〉）

> 是故聖人與時變而不化，從物而不移，能正能靜，然後能定，定在心中，耳目聰明，四枝堅固，可以為精舍，精也者，氣之精者也。
> （〈內業〉）

> 飽不疾動，氣不通於四末。（〈內業〉）

煉氣乃人體之內鍛鍊法，以發揮人之氣力以袪疾，為整體療法。其法有動靜之分，內外之別。內煉精氣神，外煉筋骨皮，內外一體而不可分。其內者又分煉意與煉氣之說，其理論基礎則在於有意識之運行血氣，並加強衛、任、督、帶之四條主要經脈，內氣運行於十二正經，奇經八脈，相互調節。煉氣中有「調息」之法，乃以意識支配呼吸，逐漸練成「胎息法」〔註21〕於過程中，煉者必感到有「氣」行於經絡，而產生如冷、熱、麻、癢等感覺，可深切體會其客觀存在之真實性，古代醫學之針灸理論即建立於此「氣」之運行，《奇經八脈考》作者李時珍嘗云：

> 內景隧道（經絡），惟返觀者（煉氣者）能觀照之。〔註22〕

如此煉氣，除煉氣自身之功能外，亦可有效控制思維意念，此之謂「煉意」。意即意念、意識之謂，發源於心，故《內經》云：「心者，生之本，神之變也。」〔註23〕心生神明，應合萬物而思維生，即「所以任物者謂之心，心有所憶謂

〔註20〕《中國科技文明史》，木鐸出版社，第三章第九節〈醫學理論之初步建立〉，頁145。

〔註21〕胎息，指煉功調息過程中設想胎兒在母體內呼吸之狀況，呼吸轉為一種細長自然之氣息，實質為一種腹式呼吸，其目的在鍛鍊肺之活動功能。李約瑟直解為胎兒之呼吸，恐非是。李說見其所著《中國之科學與文明》冊二，第十，〈道家與道教〉，頁222。

〔註22〕《奇經八脈考》，李時珍，新校本圖書集成醫部全錄冊五，新文豐出版公司，陰蹻脈註下，頁473。

〔註23〕《內經素問》，王冰注，四部備要本，中華書局，卷三，頁8。

之意。」〔註 24〕煉意旨在排除心思雜念，入靜以達於凝神調心，乃意識之自我鍛鍊。以此說推論，戰國晚期盛極之「行氣」說，除於生理調節有一定之功能外，亦兼有調適生命內部意識之作用，戰國晚期所出之〈劍珌〉銘文，即可佐證此說，銘文如下：

> 行氣完則畜，畜則神，神則下，下則定，定則固，固則明，明則長，
> 長則退，退則天。天，其本在上，墜地，其本在下。順則生，逆則
> 死。〔註 25〕

氣爲生命力之說，至此已完全落於具體之實踐，並可憑經驗以認知操作，傳統之氣說，至此亦得到實證。

第四節　醫家之氣論

　　與煉氣之氣相通者爲醫學上之氣，兩者同屬於可徵實之存在，發生之先後誠難詳考，以醫學上氣之理論已自成體系，且範圍較廣，故次於煉氣說之後，並列於知識性格下說之。

　　古代醫學逐步脫離巫術而獨立，至戰國時代，藉諸子豐富之學說思想滋潤，在理論及實際醫療技術皆有長足進展，其理論之建立，充份反映當代之哲學思想，將人之生命及其現象視爲一具體而微之宇宙，爲外在世界之仿本〔註 26〕。實反映當時天人相應思想，主張各官能間密不可分，牽一髮而動全身。故疾病之生也，必觀總體以治枝末，時至今日，此種醫療思想仍有其堅強之經驗理論基礎。是以人之生理變化及疾病之生皆合外界之自然現象一併解釋。此一說法在《黃帝內經》中得到充份之證實。

　　《內經》著作年代已難確考，依張心澂《僞書通考》所集諸家論說，多以爲其書出於戰國至秦漢之間，大抵可信。其書非成於一人一時，亦從可知〔註 27〕。書中內容反映當時五行陰陽思想者固無論矣，尤過之者，爲氣之思想，在內經書中所見之醫學體系，發展爲基礎醫學理論極爲重要之一概念，

〔註 24〕　《靈樞・本神論》，新校本圖書集成醫部全錄冊三，頁 71。
〔註 25〕　《行氣・劍珌銘文考釋》，王季星，《學原》，卷二，第三期，頁 46～52。
〔註 26〕　《淮南鴻烈集解》，劉文典，粹文堂書局，頁 83，「虹行吐息莫貴於人，孔竅肢體，皆通於天。天有九重，人亦有九竅：天有四時以制十二月，人亦有四肢以使十二節：天有十二月以制三百六十日，人亦有十二肢以使三百六十節。」
〔註 27〕　《僞書通考》，頁 969～983。

此一概念並影響後世醫學理論之發展。

　　本節擬就醫學上之氣，討論其知識性格，以《黃帝內經》、《素問》，《靈樞》爲論據，分成生理學說之氣，病理學說之氣及治療之氣論等三方面論述。

一、生理之氣論

　　生理之氣，蓋肇端於對生命起源及現象之總體理解。此理解實基於當時諸子之學說：

　　　　人之生，氣之聚也；聚則爲生，散則爲死。(《莊子・知北遊》)

　　　　氣，體之充也。(《孟子・公孫丑上》)

　　　　氣通乃生。(《管子・內業》)

凡此皆以爲人之生源於「氣」，且荀子亦以爲萬物之本質爲氣。《管子・內業》則進一步說明人之精氣得諸天氣，形體源諸地氣，〈內業〉云：

　　　　凡人之生也，天出其精，地出其形，合此以爲人。

《管子・水地》篇則對受胎以至於成形，十月而生之過程亦有詳細之描述。姑不論其認識之準確性如何，咸以人乃稟氣而生則爲事實。古人又以形體爲氣之凝聚，而體內乃充滿氣者，如此說則不免有唯物之傾向，實則氣爲形軀待之而生之活力，此活力必藉形軀物質方能顯示其效用。諸子皆有類似之說：「氣，體之充也。」「氣，生之充也。」

　　氣與精神其實爲一物所化，氣之精微者爲「精」〔註28〕。凡人之生理活動，必有賴乎精氣，《管子・內業》云：

　　　　精存自生，其外安樂，內臟以爲泉源。浩然和平以爲氣淵，淵之不
　　　　涸，四肢乃固，泉之不竭，九竅遂通。

人之肢體、內臟、感官之活力，皆淵源於精氣，精氣更進一步之作用則可思維，爲心智活動，〈內業〉又云：

　　　　氣（精氣）通乃生，生乃思，思乃知，知乃止矣。

此精氣之思想至《內經》又有更新之發展，除繼承精由氣所形成之概念外，精爲構成臟器組織及生殖繁衍後代之基礎。〈決氣〉篇及〈上古天眞論〉分別有如此之記載：

　　　　兩神相搏，合而成形，常先身生，是謂精。(《靈樞・決氣》)

〔註28〕《管子》，商務國學基本叢書，〈內業〉第四十九，頁 101，「精也者，氣之精
　　　者也。」

丈夫八歲：腎氣實，髮長齒更；二八：腎氣盛，天癸至，精氣溢寫，

陰陽和，故能有子；……七八：肝氣衰，筋不能動。天癸竭，精少，

腎臟衰，形體皆極。(〈上古天眞論〉)

氣既爲身體之充，其作用在「動」，在「行」，行之於內景，則有眞氣、宗氣、營氣、衛氣、經氣等諸氣之別，且氣又分先天與後天。先天者，得諸於天之氣之靈性，後天者乃人之精氣神。後天者可由人體內之氣轉化而得，上述精氣爲各官能之動力原，行諸經絡者謂之經氣，行諸臟腑者謂之藏氣，眞氣爲空氣與食物合一之氣〔註29〕，宗氣則與眞氣同〔註30〕。衛氣行外，有溫潤肌膚，管腠理之開合以發泄汗液，有抵禦外邪之功能，入夜則返於內。營氣則行於經脈，輸送養分，化成血液，環於全身，而各有所司，此氣大略之分別。

「神」字自戰國起乃有就事物之變化莫測言其義者，諸子並多用之〔註31〕。管子亦嘗就此義論氣與神之關係，〈內業〉篇云：

一物能化謂之神，一事能變謂之智，化不易氣，變不易智。

將氣之化謂之神，至《呂氏春秋‧下賢》篇與精氣並提：

精充天地而不竭、神覆宇宙而無望，莫知其始，莫知其終，莫知其

門，莫知其端，莫知其源，其大無外，其小無內。

其所指雖爲道，然其形容則爲氣，乃道之實質內容。此一思想發展至《內經》，輒應用於人體生理，以血氣、精氣作爲醫學理論之根據：

血氣者，人之神。(〈八正神明論〉)

神者，水穀之精氣也。(《靈樞‧平人絕穀篇》)

夫血者，神氣也。(《靈樞‧刺節眞邪篇》)

《內經》雖將精、氣、神作爲實體義以討論，就「神」而言，仍不失其作用義，〈八正神明論〉黃帝歧伯之對話云：

帝曰：「何謂神？」歧伯曰：「請言神‧神乎神，耳不聞，目明心開

〔註29〕《內經》《靈樞經》，〈刺節眞邪〉篇第七十五，頁523，「眞氣者，所受於天與穀氣并而充身者也。受於天者，先天所生之精氣。穀氣者，水穀所生之營衛宗氣津液也。」同註24。

〔註30〕同註24，〈決氣〉篇，頁305，「宗氣即大氣」。

〔註31〕《孟子‧盡心》下「大而化之謂之聖，聖而不可知之謂之神。」《荀子‧天論》「不見其事而見其功，夫是之謂神。」《易‧繫辭傳》「陰陽不測之謂神」《易‧說卦傳》「神也者，妙萬物而爲言者也。」

　　而志先，慧然獨悟，口弗能言，俱視獨見，適若昏，昭然獨明，若

　　風吹雲，故曰神。」

綜上所述，《內經》之生理學說將諸子之氣論落實於人體生理，具體以論一切
生理功能，一言以蔽之曰：「氣化」。此爲古代醫學極爲凸出之一概念，其重
要性遠過於陰陽五行。《內經》據此而建立其病因論、治療理論，至於其效驗
如何？以今日科學視之，固不免仍帶有當時之哲學色彩，然亦可由此得知古
人將「氣」視爲生命之重要代表性概念。

二、病理之氣論

　　古代以爲疾病之起因雖多，然可大別爲二：一、爲人類本身生活之失調。
二、爲氣候之失常。而氣候之失常則包括四時、陰陽、風雨、晦明等《左傳》
昭公元年所謂之「六淫」。此六淫皆與氣象有直接之相關，其中尤以「風」爲
致病最重要之因素，可由古代疾病名稱多以風爲名得知，是以「風」成爲《內
經》醫學病因論之基礎，稱之爲「疾病『風』之一元論」亦無不可〔註 32〕。
風與氣之相關已於第二章述及，實同出而異名。《素問》載風爲百病之始，兹
舉一、二例如下：

　　風從外入，令人振寒出汗，頭痛身重惡寒。(《素問・骨空論》)

　　風之傷人也，或爲寒熱，或爲熱中，或爲寒中，或爲癘風，或爲偏

　　枯，或爲風也，其病各異，其名不同。(《素問・風論》)

因風之流行數變，與季節之氣相與變化，而有「五氣」之說：春傷風，夏傷
暑，長夏傷濕，秋傷燥，多傷寒，此五氣易致疾病，凡此類致病之外界因素，
《內經》稱之爲「邪氣」。然並非具有邪氣則發病，必也人之體內亦有致病之
因與之配合，方有病生。《素問》評熱病論云：「邪之所湊，其氣必虛。」體
內之氣不充足，適遭邪氣所侵，方有發病之可能，否則不足懼也。《靈樞・口
問》篇，亦云：「邪氣所在，皆爲不足。」若體內之氣能因時運行，暢通無阻，
則邪氣弗能侵害。《素問・生氣通天論》云：

　　風者，百病之始也。清靜則肉腠閉拒，雖有大風苛毒，弗之能害，

　　此因時之序也。

因此《內經》以爲致病之因雖內外有之，而發病之因則在人。人內在發病之

〔註 32〕氣の思想，頁 287，第二部，第一章，第三節引家本誠一「素問、風論、其の
　　　　他（一、二）」『原典』第一、二號，1976 年「風は内經醫學の病因論の基調
　　　　となべり、『疾の風一元論』占言，と言べも過言べはないといぅ。」

機制有三，率與「氣」有直接之關連。一為人體之正氣不足或滯鬱；二為邪氣入客而妨礙正氣之運行；三為人體內陰陽（寒煖）氣有偏頗。前述「氣」之主要作用在「行」，若人身之精氣血脈循環運行正常，則疾病不生；若運行壅滯，則病由此發。《呂氏春秋・盡數》篇有以下之說明：

> 流水不腐，戶樞不螻。形氣亦然：形氣不動則精不流，精不流則氣鬱。鬱，處頭則為腫為風，處耳則為拘為聾，處目則為䐈為盲，處鼻則為鼽為窒，處腹則為脹為疛，處足則為痿為蹶。

此外，〈重己〉篇以為「氣不達」，〈情欲〉篇以為「血脈壅塞」皆為不壽因素之一〔註33〕。其次，則論養氣，此非孟子之養，乃就形軀血脈以養之。正氣之養在於和五味，起居有常，《素問・生氣通天論》云：

> 謹和五味，骨正筋柔，氣血以流，腠理以密。如是則骨氣以精，謹道如法，長有天命。

邪氣入客，若妨正氣之運行則易發病，《素問・繆刺》論有清楚之說明：

> 夫邪之客於形也，必先舍於皮毛；留而不去，入舍於孫脈；留而不去，入舍於絡脈；留而不去，入舍於經脈；內連五藏，散於腸胃，陰陽俱感，五藏乃傷。

> 今邪客於皮毛，入舍於孫絡，留而不去，閉塞不通，不得入於經流，溢於大絡而生奇病也。（《素問・繆刺》）

陰陽偏勝亦為發病之制機，〈陰陽應象大論〉有類似辨證之說明：

> 陰勝則陽病，陽勝則陰病。陽勝則熱，陰勝則寒；重寒則熱，重熱則寒。寒傷形，熱傷氣，氣傷痛，形傷腫。

是以發病之機制，率皆與自然之氣及人體之氣調和均衡與否有關。

三、治療之氣論

氣之與病既相關密切，則其治療之理論亦多針對「氣」而治之，故內經全書提及藥物治療者不過十一處〔註34〕，其他率多為針刺療法。《內經》治療之原則乃重視上醫。上醫者，治病之未發，或病象初萌。《素問・四氣調神大

〔註33〕《呂氏春秋》，四部叢刊本，商務印書館，重己，卷一，頁8，「理寒則氣達，味玩則胃充，胃充則中大鞔，其大鞔而氣不達，以此長生可得乎。」情欲，卷二，頁6「筋骨沈滯，血脈壅塞，九竅寥寥，曲失其宜，雖有彭祖猶不能為也。」
〔註34〕《中國醫學史略》，第三章第四節，頁77。

論》：

> 聖人不治已病，治未病。

〈陰陽應象大論〉云：

> 善治者治皮毛，其次治肌膚，其次治筋脈，其次治六府，其次治五
> 藏。治五藏者半死半生也。

〈八正神明論〉亦有類似之說法：

> 上工救其萌芽……下工救其已成，救其已敗。

病之發也與氣攸關，故其治病也亦多治其本，因順其氣。邪氣盛之謂「實」，
精氣奪之謂「虛」，二者皆病也，故治之者，實則瀉之，虛則補之。其方以針
為多，何以故？因順其氣也。

《內經》之終極理想為善養生，善養吾生則不致病，如上古之人，年壽
百歲而動作不衰，以其知「道」也。此道，即《內經》養生之道，〈上古天眞
論〉云：

> 上古之人其知道者，法於陰陽，和於術數，食飲有節，起居有常，
> 不妄作勞，故能形與神俱而盡，終其天年，度百歲乃去。

> 上古有眞人者，提契天地，把握陰陽，呼吸精氣，獨立守神，肌肉
> 若一，故能壽敝天地，无有終時，此其道生。中古之時有至人者，
> 淳德全道，和於陰陽，調於四時，去世離俗，積精全神，游行天地
> 之間，視聽八達之外，此蓋益其壽命而強者也，亦歸於眞人。其次
> 有聖人者，處天地之和，從八風之理，適嗜欲於世俗之間，无恚嗔
> 之心，行不欲離於舉不欲觀於俗，外不勞形於事，內无思想之患，
> 以恬愉為務，以自得為功，形體不敝，精神不散，亦可以百數。

養形之人，於老莊思想論之，乃望道而未之見者，故此道非彼道也。然以養
形之說推求道家理想境界之眞人、至人、聖人，以論形軀之長生，實神仙家
之淵藪也。以莊子之終極境界作為現實存在事物之追求，乃承醫學之「氣」
為實體義而來，亦為落實於醫學之「氣」所具知識性格使然，非莊子思想可
正面開出者，蓋莊子重精神境界之調適上遂，其修養則重心之齋戒澡雪，期
能至於無累無疵；醫家養生重形氣之調和順暢，使精和體健，各有途徑，所
重不同。故不可混為一談。貌似而神不同。由此可推知，於醫家之先，老莊
書中所引，恐有一養形之理論或遭火阨，或未著書，至於《內經》而集大成，
為道教神仙說之濫觴。

第六章　氣之藝術性論述

第一節　藝術義之確立及其論述之成立背景

一、藝術義之確立

　　本章所謂藝術，乃基於審美精神之直接呈現，或基於審美經驗轉化爲美感之創造活動。審美精神作用而有審美經驗，審美經驗起於形象之直覺，心靈之觀照。不含道德判斷，不帶實用目的，不作知性之概念思辨，讓對象如實呈現。本章所述人物品鑒及文學批評理論即基於此義而討論。

　　《人物志》對人之才質、情性及風貌之論述，乃直接就個人之生命整體，如其爲人予以品鑒，此爲美學之論述理論，即在此論述下建立。至於文學，本爲藝術重要之一環，文學創作必然要透過氣之發用，作品完成，藝術之呈現始有可能。因此，氣則成爲建立批評理論之重要根據曹丕〈典論論文〉即爲此中之權輿。《文心雕龍》則承其說而作更進一步之發展，此皆本章論氣之所本。

二、氣之藝術性論述之成立背景

　　《人物志》所論人物品鑒，乃承東漢以來人物評論風氣演變而來，作者劉劭既企圖爲人物品藻立一客觀標準，又擬進而爲此準則立一理論根據。因此，在先秦之德性領域炒外，另闢蹊徑，開發質性領域。此即屬於氣之「材質之性」。道德之性，借牟宗三先生語爲「逆氣言性」，而材質之性則爲「順氣言性」。其涵義有三：自然義、質朴義、生就義。乃承「生之謂性」一路而

來，人所能措意者，只能順此性以開發其潛在之材質，進而實現之，而無法改變其有無，更無力決定有無。此材性經兩漢氣化宇宙論思想之醞釀，至《人物志》方建立系統之論述，其形上之根據即承兩漢之氣化論而來。然而，本文擬就《人物志》純論人物品鑒，不及其他。

　　材性美之品鑒風氣自必兼及藝術活動，材性美之發現實亦透過人生藝術活動之觀察，其中關連之痕跡明顯可尋。吾人由初期文論之內容，全以作家爲中心，其後方逐漸論及創作自身之各種原理，即可證明。文學評論與人物品鑒不同者，在於所評對象由生命本身轉爲創作之文辭而已。初期文論所用之詞彙率由人物品鑒轉用，於此亦可見其相關性。就文學自身之發展趨勢而言，歷經先秦兩漢之創作，質與量之發展皆已達一定程度，勢必有自覺者出而欲建立理論以資反省與整理，曹丕〈典論論文〉即爲此端之肇始。《四庫全書總目提要》嘗云：

> 文章莫盛於兩漢，渾渾灝灝，文成法立，無格律之可拘。建安黃初，體裁寖備，故論文之說出焉，典論其首也。〔註1〕

曹丕在文中提出文與氣之關係，指出人與創作最重要之相連根據，此種說法予後世影響甚鉅，然畢竟處於始創階段，文學上較完整之氣論，則有待於劉勰之《文心雕龍》，有關之討論皆詳本章第三節。至於繪畫方面，如謝赫六法之「氣韻生動」，與書法之行氣，無不與氣有關，其理論則與人物品鑒及文學相通，故不贅述。

第二節　人物品鑒之氣論

　　以美學鑒賞爲主，對人物之氣性作全幅品鑒，首開人物美之鑑賞及藝術境界者，三國魏劉邵之《人物志》即其代表，其書凡三卷〔註2〕。今據以討論人物品鑒有關氣之理論。

　　《人物志》表面之作用雖在知人、用人，實際之目的則爲品鑒人物。故「美」爲《人物志》首出之概念。自序云：「夫聖賢之所美，莫美乎聰明。」聰明屬於材質，人物志以之爲品鑒對象。序文以聰明代表材性、固無不可。然而，卻從另一個進路，即以「氣性」解釋聖賢，須知聖賢內容之規定，聖

〔註1〕《四庫全書總目提要》，卷一九五，集部四十八，〈詩文評類〉，臺灣商務印書館，頁91。
〔註2〕《人物志》，魏劉邵撰，中華書局四部備要本，〈提要〉。

賢生命之挺立，主要在於「道德」而非「聰明」。若僅自才質以論聖賢，勢必無法窮盡其生命之內涵，其關鍵處因歧出論題，恐生旁枝，故不擬在此討論。要之，《人物志》以人之氣性為品鑒對象，則毋庸置疑。

一、元一之氣

就每一具體、整全生命，如其自己而加以品鑒，猶如品鑒藝術品者，為《人物志》所開出之方向，其品鑒所得者非分解、片面之現象法則，乃為一具體、整全之生命人格。如此方能對全幅生命作相應之了解。品鑒氣性，乃審美判斷，異於知識與道德判斷，此為《人物志》所長，有關氣之論述亦涵於此中討論。〈九徵〉第一云：

> 蓋人物之本，出乎情性。情性之理，甚微而玄。非聖人之察，其孰能究之哉？凡有血氣者，莫不含元一以為質，稟陰陽似立性，體五行而著形。苟有形質，猶可即而求之。

《人物志》言情性皆從氣性一路規定，而非從德性，故劉昞注云：「性質稟之自然，情變由於習染。」〔註3〕此性質即王充所言之「氣性」，其內容稟諸自然，故為不可學、不可事，自然如此者，為個體生命形成時本然之質性，總名之曰「材質」，人力所不得參與，為先天者。情變則必因環境、學習，耳濡目染，屬於人為因素，足以導致情感變化，總名之曰「習染」，為後天者。人之情性即在此先天之性質與後天習染交錯縱橫中展現各種姿態。此生命情態雖具體可見，可鑑賞，亦必有其所依據之理，若審乎其理之所出，則難盡其底蘊，故劉邵云「甚玄而微」。其所以難知者，固在於情性之千態萬變，然追根究底，必通至先天之元一、陰陽、五行始能理解，蓋已屬於形上學之範圍，此其所以稱微玄者也。元一、陰陽、五行皆屬兩漢盛行之「氣化宇宙論」用語，《人物志》既以氣性為品鑒對象，以「氣化宇宙論」為形上理論之根據，亦為可理解者。惟其品鑒為具體之人物，故對形上之根據並未詳加討論，僅歸諸微玄，純即可見之形質以求之。然吾人仍須對其形上根據稍作探討，方能對書中指涉作適切之把握。

元一、陰陽、五行之內容實為氣或質，《禮記‧禮運》篇亦嘗言之：

> 故人者，其天地之德，陰陽之交，鬼神之會，五行之秀氣也。

《禮記》書成於兩漢，故有氣化宇宙論之章句，孔氏《正義》云：「陰陽之交

〔註3〕同註2，卷上，頁1，〈九徵〉第一。

者，陰陽則天地也，據其氣謂之陰陽，據其形謂之天地。獨陽不生，獨陰不成，二氣相交乃生。」〔註4〕是以知陰陽爲二氣之稱。「含元一爲質」，即上溯此血氣生命之根源爲「元一之氣」，或曰「元氣」，或直曰「氣」。此氣爲具體之存在，爲「普遍之質素底子」〔註5〕故可以爲質。王充《論衡》亦云：

> 人稟元氣於天，各受壽夭之命，以立長短之形。（〈無形〉第七）

> 人稟氣於天，氣成而形立。（同前）

> 人之善惡，共一元氣。氣有多少，故性有賢愚。（〈率性〉第八）

> 人生性命，當富貴者，初稟自然之氣。（〈初稟〉第十二）

> 用氣爲性，性成命定。（〈無形〉第七）

《人物志》所言氣稟蓋有承於此，亦頗類《易緯・乾鑿度》所謂之太易、太始、太素者，其內容皆可指爲「氣」。

二、陰陽之氣

「稟陰陽以立性」，「元氣」爲最普遍之底子，爲共有者，無法解釋差別性，故必衍陰陽五行以釋之。劉昞於句下注云：「性資於陰陽，故剛柔之意別矣。」劉昞此注止論及剛柔，剛柔僅能說明類別，而未能解釋差別，而生命實然之性則明顯有差別性，故清濁、厚薄亦由此而來，如是則以氣爲性，有如下之分化：〔註6〕

> 甲、分化爲強弱，由之以說壽夭之命。

> 乙、分化爲厚薄，由之以說貧富。

> 丙、分化爲清濁，由之以說貴賤。

> 丁、才不才、智與愚，此亦源於清濁。

> 戊、善惡亦與清濁、厚薄有關。

任一分化皆有等差、有強弱、厚薄、精粗、清濁之等級性。加上劉昞所釋剛柔可分化爲文質、拘抗等類別，唯如此，方可詮釋萬殊之情態而無遺。

三、五行之氣

「體五行而著形」者，五行爲金木水火土，分別象徵筋、骨、血、氣、

〔註4〕《禮記》，十三經注疏本，藝文印書館，〈禮運〉第九，頁432。
〔註5〕《才性與玄理》，牟宗三撰，學生書局，第二章，頁49。
〔註6〕同註5，第一章，頁8，其大意如此。

肌之形，又配以義、仁、智、禮、信五德，則前述陰陽、剛柔、清濁之性藉五行而外顯，情性姿態亦因之變化無端。合質、性、形於一體，人之情性乃具體呈現，品鑒者可即之以求。此質、性、形皆稟於自然，其內容爲氣屬，爲材質，爲實然所見者，且爲命定者。

　　順上文之疏解，足可說明現實人生之性格、才智所以有等差之故。順《人物志》之才性品鑒，乃開出一具體人格之美學境界，下轉爲名士之風流清談，與藝術形態之生活情調，遂使魏晉人物多清朗新奇儁爽飄逸之姿。

　　前述元一、陰陽、五行只作爲《人物志》形上理論之依據，其品鑒之具體內容，則在於外顯可察之行爲，凡所展現之儀容態度、精神聲容，合後天習染者，方爲品鑒對象，〈九徵〉云：

> 雖體變無窮，猶依乎五質。故其剛柔明暢，貞固之徵，著於形容，見乎聲色，發乎情味，各如其象：故心質亮直，其儀勁固；心質休決，其儀進猛；心質平理，其儀安閒。夫儀動成容，各有態度：直容之動，矯矯行行；休容之動，業業蹌蹌；德容之動，顒顒卬卬。夫容之動作，發乎心氣，心氣之徵，則聲變是也。夫氣合成聲，聲應律呂，有和平之聲，有清暢之聲，有回衍之聲。夫聲暢於氣，則實存貌色。故誠仁，必有溫柔之色；誠勇，必有矜奮之色；誠智，必有明達之色。

由五質配五常之德，外現爲儀態、容止、音聲、貌色。五質五德爲內在之氣質，儀容聲色爲外見之姿態。此言「心氣」，當爲意志，即心之起念，發而爲言，故徵之於聲也。在心爲志，發言爲聲，聲亦因意志之不同而有和平、清暢、回衍之分，聲又爲氣合而成。由於生命先天氣性之綜合作用，藉形以外顯，此外見首先易被察覺者，即爲精神。此所言精神，乃直承《管子‧內業》之用語，其義爲「形待之而動者」爲生理氣之作用，《人物志》以爲把握精神，乃窮理盡性之本，〈九徵〉篇云：

> 故曰：物生有形，形有精神。能知精神，則窮理盡性。性之所盡，九質之徵也。然則：平陂之實在神，明暗之實在於精，勇怯之勢在於筋，強弱之植在於骨，躁靜之決在於氣，慘懌之情在於色，衰正之形在於儀，態度之動在於容，緩急之狀在於言。

《人物志》析表徵爲九，而表徵豈止於九之數，質性之分殊亦非九之數所能窮盡，蓋指其多也。而精神二者實總九徵，以筋、骨、氣、色、儀、容、言

七者皆在顯示精神之作用也。故《人物志》以爲「能知精神，則窮理盡性」，此所窮之理，所盡之性，乃就氣質才性之理與性，其方式亦純爲觀照、品鑒方式之窮盡，對象在外，爲對外之觀照；非指道德、良知、天理之理與即心言性之性，道德心之窮盡，乃以存在實踐方式窮盡，爲主體之驗證。〈九徵〉既明，則才性人格之等級亦可由此分析，《人物志》析爲三度五等，〈九徵〉篇又云：

> 三度不同，其德異稱。故偏至之材，以材自名。兼才之人，以德爲目。兼德之人，更爲美號。

> 是故兼德而至，謂之中庸，中庸也者，聖人之目也。具體而微，謂之德性。德性也者，大雅之稱也。一至，謂之偏材。偏材，小雅之質也。一徵，謂之依似。依似，亂德之類也。一至一違，謂之間雜。間雜，無恆之人也。無恆依似，皆風人末流。末流之質，不可勝論，是以略而不概也。

〈九徵〉所展示者，乃五質五德之錯綜參差，爲材質情性之全幅內容，亦爲氣性之內容。自此以下所論之體別、流業、四理、四明等，皆順此而闡明，茲不再論。

四、材質之氣

《人物志》所品鑒者乃氣性，爲材性系統，屬於人先天氣稟，人之努力，只能順其有者而學，學所以成材、成器；於氣稟所無者，終不能因學而有。材性之偏者，亦終不可轉移。故氣屬先天者、定然者，才性亦如此。此爲生命之實然，不可化，不可轉。故《人物志》可解釋現實人生能力之高下，才性之正偏，諸如此類紛紜錯綜之現象，可開出人格上「美學」之「藝術境界」；復可開出「心智領域」之「智悟境界」〔註7〕。例如：其論英雄則曰「聰明秀出謂之英，膽力過人謂之雄。」〔註8〕的順才性氣質以品鑒人物，《人物志》之所長也，故最能相應於英雄。其品鑒之表達顯示，多屬藝術形相，美學內容之理，與科學語言表達之外延之理不同。《人物志》對於生命自身作品鑒，雖將生命作爲對象，仍須藉具體之解悟方能把握。而具體之智悟，若以思辨分解之概念語言表達，則必受限制，而無法言盡其意。是以品鑒人物終摒棄

〔註7〕同註5，第二章，頁64。
〔註8〕同註2，卷中，頁7，〈英雄〉第八。

科學性語言（思辨、概念、定義、分析⋯⋯），而採用文學性之語言，以比喻、描寫、形容、嗟嘆、讚美等方式陳述〔註9〕。文學性之語言，不作任何知識或道德之分析或價值判斷（並非無道德意識或知識依據）。科學性之語言，目的在引導讀者進入其所作之判斷中，而此判斷無論為知解或價值性者，總之，有其實用性、目的性。文學性之語言，其傳達事象，為無目的性、非概念性者，其所關注者在於透過語言表達之各種技巧，如比喻、象徵等，能否適切傳達意象，令讀產生美感。誠如才性生命所呈現之情性為具體、全幅精神流動展現。以其流動之性，故多名之以風；以其微玄難知，深妙不測，故多名之以神。吾人若展讀《世說新語》，其品鑒之詞語多為神采、風姿、風神，不一而足，皆可說明品鑒語言之特性。〔註10〕

　　《人物志》全書即在展示氣性之涵義，其形上之根據為元一、陰陽、五行，內容全幅皆氣。外現而為情性，所謂情性者，即為氣所發動之精神。心氣則發為志意，氣清而朗，謂之文理。躁靜之態決於氣之沖盛。總為九徵，其變多端，故所用品鑒之語詞則多屬文學性語言，所展現之人物美之藝術形相則為神采、神韻、風姿、風采。此《人物志》論氣之大較也。

第三節　文學理論之氣論

一、曹丕〈典論論文〉之氣論

　　文與氣之關係，歷來論者多以《論語・泰伯》篇曾子所謂「辭氣」，及《孟子》之「知言養氣」為先河〔註11〕，實則二者並以道德修養為內容，無與於文事。正視文、氣之關係者，宜數魏文帝曹丕為首。〈典論論文〉云：

　　　文以氣為主。氣之清濁有體，不可力強而致。譬諸音樂，曲度雖均，

〔註9〕　《中國哲學原論・原性篇》，唐君毅撰，新亞研究所印行，第五章，〈原性〉（五）客觀的人性論之極限與魏晉人之重個性及個性完成之道，頁142～143。

〔註10〕　《世說新語・容止》：「嵇康身長七尺八寸，風姿特秀。見者歎曰：『蕭蕭肅肅，爽朗清舉。』或云：『肅肅如松下風，高而徐引。』山公曰：『嵇叔夜之為人也，巖巖若孤松之獨立；其醉也，傀俄若玉山之將崩。』」又：「驃騎王武子是衛玠之舅，儁爽有風姿，見玠則歎曰：『珠玉在側，覺我形穢。』」又：「時人目王右軍飄如遊雲，矯若驚龍。」〈品藻〉篇：「時人道阮思曠骨氣不及右軍，簡秀不如真長，韶潤不如仲祖，思致不如淵源，而兼有諸人之美。」

〔註11〕　《論語・泰伯》第八曾曾子曰：「出辭氣，斯遠鄙悖矣。」《孟子》之養氣說已見於第三章《孟子》之氣論部份。

　　節奏同檢，至於引氣不齊，巧拙有素，雖在父兄，不能以移子弟。
「文以氣爲主」觀念之提出，實意識及創作論之核心問題，亦爲創作在生命
中尋覓最終之根據。「文」當指創作之總體表現而言；曹丕總合四科八類一併
論述〔註12〕，故知所言之文非指特定之體裁或文類。其論述作家之成就，除
指出王粲長於辭賦，陳琳、阮瑀長於章表書記外，其餘四子皆就各人之文章
籠統概括評述〔註13〕，以此整體方式評估文章成就，誠非止於修辭、造句或
結構等等之片面技巧，實屬美學之總體印象批評，所用之評語亦屬整體藝術
形相之描述語言，非分析語言，吾人可從文中「徐幹時有齊氣」、「應瑒和而
不壯」、「劉楨壯而不密」、「孔融體氣高妙」之評語得到印證。此種論文方
式，蓋與當時沿襲東漢以降之人物品鑒風氣密切相關，曹丕〈典論論文〉、
〈與吳質書〉，及曹植〈與楊德祖書〉無不以作家爲評論之中心，由是可知，
其評論之標準與人物品鑒相同，不過將對象由人物本身轉移爲人物所表現之
文辭而已。其評論對象相通點即爲「氣」。氣爲人材質生命之總稱，文章風格
根源於人之質性，創作即爲生命材質之具體呈現，此種人、文合一之指證，
誠爲文學評論最重要之發現。如此，歷來「言志」、「言情」、「言意」之說均
可以此爲根本〔註14〕。「文以氣爲主」之論文標準，指出作家與創作之內在關
係所在。至於氣之內涵，籠統概括爲生命材質，其確指內容，則說者紛耘，
今試論之。

　　在進入本題之前，若將曹丕所用「氣」之學術背景、思想源流作一考察，
將有助於對〈典論論文〉所言「氣」之意義作更眞切之把握。文章誠如其他
事物，乃宇宙原理通過人物而展現者，人所創作之憑藉即爲根於先天之「氣」。
曹丕用氣之靈感，蓋有取資諸家之氣論，其有關文思者，約可上溯至《管子‧
內業》對氣之解說：

　　　精也者，氣之精者也。氣道乃生；生乃思；思乃知；知乃止矣。

〔註12〕曹丕〈典論論文〉云：「秦議宜雅，書論宜理，銘誄尚實，詩賦欲麗。」分文
　　　　類爲四科八類。
〔註13〕〈典論論文〉：「王粲長於詞賦；徐幹時有齊氣，然粲之匹也；……琳瑀之章
　　　　表書記，今之雋也；應瑒和而不壯；劉楨壯而不密；孔融體氣高妙，有過人
　　　　者。」
〔註14〕《尚書‧堯典》：「詩言志，歌永言，聲依永，律和聲。」陸機〈文賦〉：「詩
　　　　緣情而靡綺；賦體物而瀏亮。」《後漢書》卷六十九〈范曄傳〉范尉宗獄中與
　　　　諸甥姪書云：「當以意爲主，以文傳意。」《尚書》主言志說，陸機主張「緣
　　　　情」說，范曄則主張「傳意」說。

人稟氣而生，以有生而能作思考、認知等活動，由此推論至感情、意志之表達與氣有關，誠不爲過。兩漢以來之氣化思想更發揮盡致，王充《論衡・無形》篇云：

> 人稟元氣於天，各受壽夭之命，以立長短之形。猶陶者用土爲簋廉，冶者用銅爲桛杆矣。器形已成，不可小大，人體已定，不可減增。用氣爲性，性成命定，體氣與形骸相抱，生死與期節相須。

「元氣」之說固可解釋人與宇宙之直接關係，然其爲渾一未分之元氣，爲共同、普遍之元質，何以可致文章風格之各殊，其間必有若干發用之層次，故元氣之說仍嫌含混，僅可說明「用氣爲性，性成命定」。至於命之各殊，元氣說誠不足以解答，必再追究，王充則嘗以稟氣多寡與氣性之不均作爲說明：

> 人之善惡，共一元氣。氣有多少，故性有賢愚。（《論衡・率性篇》）
>
> 人以氣爲壽，形隨氣而動；氣性不均，則於體不同。（《論衡・無形篇》）

除以含元氣之多寡解釋人所以有善惡、賢愚外，人之壽夭乃以「氣性不均」決定。前者爲量之多寡，後者則似兼論質之差異。然兩者皆未論及文學之事。劉劭《人物志・九徵》篇則有較王充質量說更進一步之說法：

> 凡有血氣者，莫不含元一以爲質，稟陰陽以立性，體五行而著形。
>
> 苟有形質，猶可即而求之。

元一即「本元之氣」，或稱元氣，乃最普遍之元質，論其發用，必至於稟氣質性之不同而後止，兼五行之異，乃呈現各人體貌風格之殊異，有關之討論已詳前節。文章之藝術形相與人生命之體貌風格一致，且以之爲依歸，此二者皆根源於質性故也。知乎此，則「文以氣爲主」即可瞭然，「氣之清濁有體，不可力強而致」亦由此而可得清楚之說明。各人之氣稟不同，陰陽有別，清濁各異，斯爲質性所致，性成命定，爲人力所無法逾越，後天習染無可加減。由此可知曹丕論氣之根本意義，當指元氣已分，衍化爲清濁、強弱、厚薄之「質性之氣」。稱質性之氣爲靜態之存在，稱生命力則爲活動義，表現於文學、音樂、書法、繪畫等等之藝術活動時，所凝聚於對象之生命力即謂之「才氣」。是以才氣雖根於質性之氣，而涵義不盡相同，曹文雖隱含此義，然不明顯，眞正觸及上述問題，且作討論者，實自《文心雕龍》始。

（一）才　氣

當曹丕指出「文非一體，鮮能備善」「四科不同，唯通才能備其體」時，

實已透視作品與作家材性之密切相關性。根據前文之析論，才性之內容，非僅源於質性之氣而已，實兼涵後天之學習、生活、思想等融合均調統一而表現於藝術活動中。其中質性居於決定性地位，以致後天所學，雖有客觀統一之學習對象、方法與訓練，亦無法得致相同之結果，此即作品面目因人而異之根本原因。曹丕嘗以音樂作爲比喻，深入剖析才性在藝術活動中之特性。當一切客觀條件相同，旋律（曲）、強弱及節奏（度）一定之狀況下，由於演出者才性不同，故引氣亦不能齊。「引氣」之氣雖不可逕解爲才氣，依文本義或爲「物理學上之——音量或音調」，或指「音色」，然引氣所以不齊之根本原因則爲才氣所決定無疑。眾人氣稟各具，雖經後天極度練習，亦無法逾越其限域。不僅如此，且無法成爲客觀之經驗知識，用以傳授他人。故曹丕云：

> 至於引氣不齊，巧拙有素，雖在父兄，不能以移子弟。

《莊子·天道》篇有一寓言亦嘗有類似之見解：

> 桓公讀書於堂上，輪扁斲輪於堂下，釋椎鑿而上，問桓公曰：「敢問公之所讀者何言邪？」公曰：「聖人之言也。」曰：「聖人在乎？」公曰：「已死矣」曰：「然則君之所讀者，古之人糟魄已夫！」桓公曰：「寡人讀書，輪人安得議乎！有說則可，無說則死？」輪扁曰：「臣也以臣之事觀之。斲輪，徐則甘而不固，疾則苦而不入。不徐不疾，得之於手而應於心，口不能言，有數存焉於其間。臣不能以喻臣之子，臣之子亦不能受之於臣，是以行年七十而老斲輪。古之人與其不可傳也死矣，然則君之所讀者，古人之糟魄已夫。」

〈天道〉篇所言之「數」與曹丕所論之「才」頗有相似處，同屬於「雖在父兄，不能以移子弟」者。固不可據此指實曹丕之說源於莊子，然二人皆已意識及人之經驗中有無可授受之成份，則不必否認。〈天道〉篇之本義指意之精者，不可言致，就引文分析之，當涵先天之才性與後天學習經驗之累積，曹丕所言之才性是否有相同之義，則未見進一步之闡明。然嘗試推論，曹丕對於作品風格與作者關係之論述，實與當時流行人物品鑒之觀點相合，且將人物品鑒之論述，轉而在文學評論中運用。前述劉邵《人物志》對人物材性品鑒之理論，並非獨家之見解，乃一時之風氣，可代表相當數量人士之見解，例如：應璩嘗云：「人才不能備，各有偏短長。」〔註15〕嵇康〈明膽

〔註15〕《應休璉集》，明張溥編，《漢魏六朝百三名家集》，應璩〈百一詞〉。

論〉云：「夫元氣陶鑠，眾生稟焉；賦受有多少，故才性有昏明。唯至人特鍾純美，兼周外內，無不畢備。降此以往，蓋闕如也。」〔註16〕《隋書·經籍志》子部名家類著錄有曹丕〈士操〉一卷，與劉卲《人物志》並列，其書今不可見，然可推想其內容或與《人物志》相類。然而，畢竟在今存曹丕之文集中，對於才性之見解，僅此片斷而已。又學者以曹丕過份強調才性與風格之絕對關係，難免落入「材質主義之命定主義」〔註17〕，或指曹丕爲「徹底之天才論者」，從而忽略作家生活實踐與學習、鍛鍊等，及創作過程中所涵其他後天因素介入之可能性。此二說與曹文本意相應與否，則端視「才性」作何解釋。前文已指出，質性之氣與才氣誠有一間之別；質性之氣爲純粹之氣稟，爲先天存在義，至於其能否具體表現爲才氣，則有賴後天之學習、鍛鍊以開發之，縱使學習、鍛鍊亦僅順使先天質性顯現，而無改變其本質之可能。終必有所展露於藝術活動，吾人始得見作者之「才性」爲如何？曹丕論文以爲作品風格當與作者質性一致之說法，實爲文與人根源關係之發現。而才性乃人創作之憑藉，其義已概括先天、後天一切創作因素，當可理解。

（二）文　氣

曹丕以作家爲中心，作整體之文學批評。提出文以氣爲主之說，各家因所稟質性迥殊，故表現之風格亦異。順此義以理解曹丕之「孔融體氣高妙」「徐幹時有齊氣」，〈與吳質書〉所云「公幹有逸氣，但未遒耳。」其中「高妙」「齊」「逸」皆屬風格之總評，如同曹丕賦予各種體裁所宜具備之風格「雅」「理」「實」「麗」〔註18〕。前者評論對象爲各家風格，後者評論對象爲文類風格，對象雖不同，其爲文章風格則一。一家之文既與作家之質性、才氣有絕對相關，故與「氣」字連用，而構成「體氣高妙」「齊氣」「逸氣」之詞，以之評論各家風格。郭紹虞嘗有解「氣」爲「語勢」之說：

> 此數節中所言之「氣」（指前述引文中所論者）兼有兩種意義。所謂「氣之清濁有體，不可力強而致」者，是指才氣而言；曰：「齊氣」「逸氣」云者，又兼指語氣而言。蓋於內者爲才性，宣諸文者爲語

〔註16〕《嵇康全集》，〈明膽論〉見《全上古三代秦漢三國六朝文》，中文出版社，冊二，《全三國文》卷五十，頁1335。
〔註17〕《才性與玄理》第一章第四節，頁35。
〔註18〕同註12。

　　勢，蓋本是一件事的兩方面，故亦不妨混而言之。〔註19〕

郭氏之說誠爲詳約，然對「氣」之解釋，並非無斟酌之餘地。「氣之清濁有體；不可力強而致。」此「氣」義當作何解，前文論之甚詳。茲不再述。郭氏云「齊氣」兼指語氣，自有其根據。若容深究之，此氣所指實爲徐幹之文，顯出齊地風俗之舒緩性格，故所呈現之風格，亦具此特色，明胡侍《眞珠船》論之甚詳：

> 魏文帝典論論文云：「徐幹時有齊氣」。李善注：「言齊俗文體舒緩，而徐幹亦有斯累。」按漢書地理志，齊詩「子之旋兮，遭我乎猺之間兮。」又曰「竢我於著乎而」此亦其舒緩之體。又云：「齊至今，其士舒緩閎達而足智。」朱博傳：「博遷瑯琊，齊部舒緩。博奮髯抵几曰：觀齊兒欲以爲俗耶？」寰宇記：「齊州人志氣緩慢。」是則齊俗自來舒緩，故文體亦然。〔註20〕

此亦指「齊氣」爲風格，非指語氣。蓋語氣僅爲構成風格條件之一，而「齊氣」之風格是否祇憑語氣即可形成，此間容有分別。郭氏亦以爲「逸氣」兼指語氣，誠未知所指何種語氣？《文選》謝靈運〈擬魏太子鄴中序〉則曰：「劉楨卓犖偏人，而文最有氣。」《文心雕龍·體性》篇亦云：「公幹氣褊，故言壯而情駭。」劉、謝二人之論述，皆以前段之「卓犖偏人」「氣褊」論人，後段之「文最有氣」「言壯而情駭」論文，實則因其人而有其文，二者合一，是以連接詞用「而」「故」二字，分析其重點仍在論文章風格。曹丕、謝靈運、劉勰三人皆以「氣」評論公幹文章，用詞雖異，要在論其風格而已。郭氏以語勢釋之，則止得其修辭技巧一端，未若賅於風格說較爲全面。由上析論，可知曹丕評論各家文章風格之「氣」義，實不止於包括作者本人之內在質性、才氣、情性，亦涵括表現於詩文中之語氣、語勢之修辭技巧，融攝萬殊因素，調和複異，而統一於「風格」之下。此曹丕文氣論之大略。

二、《文心雕龍》之氣論

　　氣之由人物品鑒轉爲文學理論上應用，蓋肇始於曹丕，然加以廣泛應用，且作有系統之說明者，則非劉勰之《文心雕龍》莫屬。

　　劉勰爲南朝人，生於宋孝武帝大明八年（西元466年），卒於梁武帝普通

〔註19〕《中國文學批評史》，郭紹虞撰，泰盛書局，頁77。
〔註20〕同註19，郭紹虞引。

三年（西元 522 年）。文心雕龍爲吾國文學理論之鉅著，約成書於劉氏三十八歲（西元 501 年）時，全書分上、下兩篇，上篇二十五，下篇二十四，合〈序志〉，共五十之數。

《文心》書中所載之氣，約有下列各義：一爲自然之氣，包括天地、氣候、景物之氣。二爲才質之氣，包括血氣、情性、才能、志意之氣。三爲文章之氣，包括辭氣、語勢、風格之氣等。除第一項自然之氣因已見於前述各章討論，在此不復贅述外，擬將餘者分說於后。

（一）才質之氣

曹丕以氣說明人與創作之根源關係，然仍止於素樸階段。至於氣與後天學力兩者關係如何？質性之氣能否獨自創作？創作時，質性之氣如何貫注其中，發爲文章，建立風格。凡此皆爲曹丕所未論及。逮乎《文心雕龍‧體性》篇始對上述問題作進一步之討論：

> 若夫八體屢遷，功以學成。才力居中，肇自血氣。氣以實志，志以
> 定言。吐納英華，莫非情性。

此段文字言簡義豐，文學創作因素之大端盡在其中。文章風格無數，劉勰歸納爲八體，實則風格之遷流變化，各如人面，無一相同。必順質性之所有，經後天之學習、鍛鍊，風格之建立始有可能。然則是否人人經過苦學、鍛鍊，即可成就大家風格？劉勰深明其中奧理，以爲才有庸儁，能否突破模仿、因襲之窠臼，建立獨家風格，才質實居於關鍵地位，故云「才力居中」，此已說明創作過程與風格之關係決定者爲何？因此，劉勰雖重視才質，然必先言學力，以爲才不可見，唯在文中見之，經過學習、鍛鍊後之才質方能凝鍊、蓄聚以發用爲文，否則徒爲無所用事之散才而已，劉勰在〈事類〉篇有清楚之說明：

> 才自內發，學以外成。有學飽而才餒，有才富而學貧。學貧者，迍
> 邅於事義；才餒者，劬勞於辭情，此內外之殊分也。是以屬意立文，
> 心與筆謀，才爲盟主，學爲輔佐。主佐合德，文采必霸；才學褊狹，
> 雖美少功。

劉勰至此已說明凡爲文創作，無學必不可竟功，有學亦未必有成，指明其決定之關鍵，實取決於作者之才力如何，故云「才爲盟主」。才力既在創作中占有如此之重要性，該如何獲取？源自何處？「肇自血氣」乃進一步解答上述問題。以爲才質實源於人之生命力，此生命力即「血氣」，其內容爲何？可由

兩漢以降思想重心推想其大概，蓋不外於劉邵《人物志·九徵》所云：

> 凡有血氣者，莫不含元一以爲質，稟陰陽以立性，體五行而著形。

若據此所載徵諸〈原道〉、〈序志〉所云，則更可肯定上述推斷並非臆想：

> 仰觀吐曜，俯察含章，高卑定位，故兩儀生矣，惟人參之，性靈所鍾，是謂三才。爲五行之秀，實天地之心。(〈原道〉)

> 夫肖貌天地，稟性五才，擬耳目於日月，方聲氣乎風雷，其超出萬物，亦已靈矣。(〈序志〉)

才力既源自先天之質性，成於後天之學習，又居於風格能否建立之決定性地位。風格又關乎文章之藝術形態。由此觀之，劉勰實承曹丕「文以氣爲主」之說，辨析入微，使各項創作因素所居之關係位置得以瞭然，實爲文學中氣論之一大進展。

　　上述所舉之學與才雖爲創作過程中不可或缺之條件因素，然創作畢竟屬於精神活動，必須有一意志導引方向，以統領才、學，發爲文采。此統帥之中樞，精神意志之所出，即爲「心」，此心即思考、意識、自覺之中樞。它能意識自身之質性、才氣及所學，復能感於外物，而有所向，心之所之發爲志。上述之質性、才氣及學力，乃充實志之內容，此志存在於心中謂之意，發爲聲音謂之言。故劉勰云「氣以實志，志以定言。」在創作過程中，吾人所能察見者，氣之作用亦自在其中。故氣與創作之關係，氣實貫注於創作過程中任何一項因素，並發用於各階段中。質性稟賦對創作之影響，已見於前面之討論；志意與氣符，則爲志氣、意氣；氣與才並發，則爲才氣；吐納而爲文采，則爲辭氣、文氣。此氣稟於自然，存而未發者，謂之質性；動乎意志，著乎形體，謂之情性，故文章莫非情性之表徵，斯爲「吐納英華，莫非情性。」

　　因各人之質性不同，故「才有庸儁，氣有剛柔」人之爲學與創作，則止於順其質性以開發，求盡其才而已，〈體性〉篇云：

> 夫才由天資，學愼始習。

> 宜摹體以定習，因性以練才，文之司南，用此道也。

故劉勰一面肯定學習之重要，對事義之深淺，體式之雅鄭，有決定之作用，宜愼乎始習，此爲人事所可能之範圍。一面仍承認在辭理之庸儁，有人事無法逾越之界限，故曰「辭理庸儁，莫能翻其才。」才由天資，爲先天稟賦所決定，人事僅止於因其氣稟而學習鍛鍊。以上所云之才、學皆有高下、深淺

之分，含有價值判斷之意義。唯「氣有剛柔」則指人所稟質性之不同面貌，而無高下之分。此因不同之氣稟，塑造不同之風格，與風骨說之建立有莫大關係，可詳見後文。才固有庸儁、高下之分，然同爲儁才，其使才之緩捷，屬文有快慢，如「子建思捷而才儁，子桓慮詳而力緩」者，則止有先後，快慢之別，而無高下之分。品鑒才氣，不可雜以俗情、地位，而抑揚太過，劉勰於此間分際，察析毫釐，誠有清楚之認識。〔註21〕

　　血氣既爲一切創作因素如才氣、情性、意志之所本，則其盛衰必影響創作活動。劉勰基於此一認識，以爲血氣與志氣相關，志氣與文氣相通，乃著作〈養氣〉專篇，闡明奧理。首先說明氣乃創作之樞機：

> 率志委和，則理融而情暢；鑽礪過份，則神疲而氣衰。此性情之數也。(〈養氣〉)

> 若夫器分有限，智用無涯，或慚鳧企鶴，瀝辭鐫思，於是精氣內銷，有似尾閭之波；神志外傷，同夫牛山之木。怛惕之成疾，亦可推矣。(〈養氣〉)

此言創作以血氣爲本，不宜鑽礪過份；宜明器份所限，切勿「銷鑠精膽，蹙迫和氣。秉牘以驅齡，灑翰以伐性。」〔註22〕作逾越之舉。若不然者，則氣衰成疾，爲文傷命，非創作之正理。血氣既養，則進而論陶鈞文思，培養文氣之道，以文氣根於志氣，志氣源於血氣故也。三者實一貫，〈養氣〉篇云：

> 是以吐納文藝，務在節宣，清和其心，調暢其氣，煩而即捨，勿使壅滯。意得則舒，懷以命筆，理伏則投筆以卷懷，逍遙以針勞，談笑以藥勸。常弄閑於才鋒，賈餘於文勇，使刃發如新，腠理無滯，雖非胎息之萬術，斯亦衛氣之一方也。

紀昀評曰：「此非惟養氣，實亦涵養文機。」故劉勰之論養氣實兼有兩層意義：一爲調養情性、才氣所本之血氣；一爲畜養創作時，運思臨文清明靈感之氣機。節宣其氣之方在於「清和其心，調暢其氣。」所論與〈神思〉篇「疏瀹五臟，澡雪精神。」正合。〈神思〉篇所撚出「陶鈞文思，貴在虛靜。」之道，更直通於創作之本源，契合於道家養氣工夫。

〔註21〕《文心雕龍》，劉勰撰，開明書局，〈才略〉篇：「魏文之才，洋洋清綺，舊談抑之，謂去植千里，然子建思捷而才儁，詩麗而表逸；子桓慮詳而力緩，故不競於先鳴，而樂府清越，典論辯要，迭用短長，亦無懵焉。但俗情抑揚，雷同一響，遂令文帝以位尊減才，思王以勢窘益價。未爲篤論也。」

〔註22〕《文心雕龍‧養氣》篇。

三、文章之氣

（一）聲　律

氣既貫注於創作過程之任一階段及各項因素中，逮乎文成，作者之氣亦必鎔於字句之間，融於內容與形式中，或爲音律，或爲辭氣，或爲語勢，或爲風格，可總名之曰「文章之氣」或「文氣」。首先易被發現之文氣，乃藏於音聲之聲律，《文心・音律》篇云：

> 是以聲畫妍蚩，寄在吟詠；吟詠滋味，流於字句。字句氣力，窮於和、韻。異音相從謂之和，同聲相應謂之韻。韻氣一定，故餘聲易遣；和體抑揚，故遺響難契。

作者既將氣留注於字句之間，於是讀者可藉吟詠諷誦，與作者聲氣相通，亦可由之索尋作者表現於文中之感情。文章之妍蚩，亦可經由上述因素而得以把握。此必基於，人之感情相應於音聲之宣達，字句音律之排列組合亦隨之斟酌之共識。

劉海峯《論文偶記》中有此記載：

> 凡行文，字句短長，抑揚高下，無一定之律，而有一定之妙。可以意會，而不可以言傳，學者求神氣而得之音節，求音節而得之字句，則思過半矣。

又云：

> 蓋音節者，神氣之跡也；字句者，音節之矩也。神氣不可見，於音節見之；音節無可準，以字句準之。

此聲音美之發現，亦可作爲判定文章妍蚩之準則。此一準則，在人自然生理上必有其根據，且此根據有其普遍性。換言之，此聲美之準則仍自生理之氣所出，即〈音律〉篇所云：

> 夫音律所始，本於人聲者也。聲含宮商，肇自血氣。

字句氣力，乃表現於音律中，音律之講求在於聲韻。或雙聲爲詞，或隔句押韻，平仄錯綜〔註23〕。無非在追求文章之聲音美，人之氣發爲音聲，音聲本於氣，感情又寄於其中，故吟詠以逆作者之情，文章之神氣即源於作者之情感，〈附會〉篇所云正可印證上述之說：

> 以情志爲神明，事義爲骨髓，辭采爲肌膚，宮商爲聲氣。

〔註23〕《聲類新編》，陳師新雄編，學生書局，〈序言〉。

作品完成，固然是才、學綜合之呈現，然而關乎音節、字句，必有根於氣性之一端，如造句不宜冗長，詩體盡於七言等，皆以適合吟咏朗讀爲節，亦由此可知。

（二）氣　勢

行文之時，因語調之自然，迭換音節，如此，則可控馭行文之氣勢。其要在於適度運用聲調、音節之變化而已。至於貫通全文之氣勢，則端在語助辭之迴運用。《文心・章句》篇論之甚詳：

> 若乃改韻從調，所以節文辭氣……兩韻觀易，則聲韻微躁；百句不遷，則脣吻告勞。妙才激揚，雖觸思利貞，曷若折之中和，庶保无咎。（〈章句〉）

> 至於夫、惟、蓋、故者，發端之首唱；之、而、於、以者，乃剳句之舊體；乎、哉、矣、也亦送末之常科。據事似閑，在用實切；巧者迴運，彌縫文體，將令數句之外，得一字之助矣。（〈章句〉）

妙才巧手，在於一心，則篇章之氣勢立見：

> 藻溢於辭，辭盈於氣。……宋玉全才，頗亦負俗；始造對問，以申其志。放懷寥廓，氣貫使之。（〈雜文〉）

> 答夫臧洪歃辭，氣截雲蜺。（〈祝盟〉）

> 屬辭爲武，使聲如衝風所擊，氣似欃槍所掃。（〈檄移〉）

以上之氣，皆作氣勢解。蓋所用之「放」「截」「掃」皆狀行文氣勢之貌。然文章，氣勢之有剛柔，一同人氣之有剛柔。《文心・定勢》篇云：

> 劉楨云：「文之體指貴強（據黃季剛先生校改），使其辭已盡而勢有餘，天下一人耳，不可得也。」公幹所談，頗亦兼氣。然文之任勢，勢有剛柔，不必壯言慷慨，乃稱勢也。

此言文章氣勢之有剛柔，非貴在一體，乃貴其能否有行於辭外之氣，此氣勢之強者也，至於剛柔，則無分軒輕。劉楨此言除氣勢外，亦論及體氣，故云兼氣，兼論風格及行文之語勢也。

（三）風　骨

《文心雕龍》論及風格之氣者，蓋承曹丕典論論文而來，〈風骨〉篇並有引文可證：

> 故其論孔融，則云「體氣高妙」；論徐幹，則云「時有齊氣」；論劉

楨，則云「有逸氣」。公幹亦云：「孔氏卓卓，信含異氣，筆墨之性，

殆不可勝。」並重氣之旨也。

此段引文所言之氣，乃指風格而言，已詳前文。在其他篇章論及風格之氣者，

亦多有之：

若氣無奇類，文乏異采，則昏睡耳目。（〈麗辭〉）

優文封策，則氣含風雨之潤。（〈詔策〉）

秦皇銘岱，文有李斯，法家辭氣，體乏弘潤。（〈封禪〉）

總趙代之音，撮齊楚之氣。（〈樂府〉）

上列所云之氣，或求特出之形相，以奇類爲風格；或爲詔策之文，意在表皇

恩浩蕩，澤深雨露，故風格宜有風雨之潤；或受思想影響，刻薄寡恩，雖云

法家辭氣，乃兼言體氣，而非單純之辭氣也。至於齊楚之氣，與前文所釋之

齊氣同，不復贅述。

　　《文心》論風格之至詳者，莫過〈風骨〉，篇名風骨，文多論氣。黃以琳

嘗評曰：「氣是風骨之本。」〔註24〕蓋是也。〈體性〉篇贊語云：「辭爲肌膚，

志實骨髓。」〈風骨〉篇首云：「詩總六藝，風冠其首，斯乃化感之本源，志

氣之符契也。」由是知〈風骨〉之內容爲「志氣」也。風與骨爲文章一體之

兩面，含情意多者爲風〔註25〕，形諸感性之文辭，有感染力，如風之動物，

氣之流行。是以知在人心而言爲情，形諸文字曰風。重事義者爲骨〔註26〕，

訴諸理性冷靜之思考，至鍾嶸詩品則直稱「骨氣」，於曹植則曰「骨氣奇高」，

於劉楨則云「仗氣愛奇，動作振絕；眞骨凌霜，高風跨俗。」骨與氣合，方

能致其高；因爲仗氣，乃見眞骨。劉勰於〈體性〉篇云氣有剛柔，故知風骨

所本之氣，偏於柔者情多，偏於剛者骨粳。雖源於質性之氣，氣發爲文，則

散爲風骨，故風骨亦爲文氣之別名。

〔註24〕《文心雕龍讀本》，王師更生，文史哲出版社，〈風骨〉第二十八解題引，頁
　　　　33。

〔註25〕《文心雕龍・風骨》篇云：「是以怊悵述情，必始乎風。」「情之含風猶形之
　　　　包氣。」「深乎風者，述情必顯。」「情與氣偕」是以風之內容以情爲主。

〔註26〕骨之內容以事義爲主，《文心雕龍・風骨》篇云：「沈吟鋪辭莫先於骨，故辭
　　　　之待骨，猶體之樹骸。」「結言端直，則文骨成焉。」「故練於骨者，析辭必
　　　　精……捶字堅而難移。」「若瘠義肥辭，繁雜失統，則無骨之徵也。」

第七章　結　論

　　氣之存在，有其無可取銷之必然性，人與萬物莫不然。就自然而言，氣
爲流行之存在；在人而言，氣爲生命之根基。本文除追溯其原始意義外，乃
分別就氣所落實於道德、自然、知識、藝術四項性質而展開論述。因此，原
來觀念史發展之線索，並非前後相貫，脈絡相循，茲依資料之先後順序，略
陳其要義，以見其發展之梗概。

　　甲文雖有「气」字，然與說文所訓「气」義不同，衡諸文義，徵諸各家
考釋，皆不作氣義解。春秋以前金文亦未發現氣字。晚期金文有「氣」字，
爲氣之異體字，其時典籍上氣字已先出。甲文尚載有與氣義相關之風、雨、
雲等字，金文則無。

　　《易》、《詩》、《書》三書皆無氣字，顯示西周時代，所有典籍及出土資
料皆無氣字之記載。而與氣相關之風、雨、雲等字則已大量使用，《詩經》並
將雲字轉爲狀詞使用。

　　氣字首先出現於《左傳》、《國語》二書，最早之記載爲《國語》宣王時
代所記載之「天地之氣」，已有後人疑其爲後出者，本文亦嘗論及。故較眞實
之記載爲《左傳》莊公十年以下有關人氣之論述，及昭公元年以下有關六氣
之陳述。氣字始出，其義雖甚原始、質樸，然已涵有多義之傾向。其義可大
別爲人氣與天氣，根據二書所載，人氣爲與人生命有關之氣之總稱，有屬於
生理者，如血氣、氣息等，有屬於物理者，如辭氣等，以及屬於心理之志氣、
勇氣、意氣、憤氣等。天氣則概括自然界之流行現象，陰陽、風雨、晦明等
統稱爲六氣。其中陰陽所指爲寒煖，晦明所指爲晝一夜運行，四者皆非實體。
《國語》所載資料則有逐漸將自然之氣歸約爲陰陽二氣之跡象。六氣皆與萬

物生長有密切關係，亦通於人氣：六氣失調，則致人於病，六氣調和又能降生五味，味以行氣，氣以實志。所謂行氣，所指為生理之氣，血氣強固與否，間亦影響心志向外行為能力之強弱，故曰「氣以實志」，上述為二書所載氣之質樸義、具體義。

《論語》所載氣義，皆就人氣論述，如血氣、辭氣、屏氣等，其義較諸《左傳》、《國語》二為質樸，〈季氏〉篇將血氣視為有未定、方剛、既衰之生長階段，並影響心理、意志，故提出「戒之」之要求，純就其負面論述，未及於正面修養之討論。

《老子》中氣字凡三見，其論述之端有二：一就萬物存在言氣。一就精神修養言氣。〈四十二章〉「萬物負陰而抱陽，冲氣以為和」所言陰陽二氣，其義不出《左傳》、《國語》之六氣範圍。二氣作用而得和諧狀態，萬物即以此冲虛之氣而得成其為和，成其為具體之存在。唯不以氣釋老子之道，亦不以道為創生萬物之元氣，方能保住老子由實踐體證所確立終極境界之道，所以不理解為氣化宇宙論之始作俑者，正文已辨之甚明。其次所論修養之氣，「專氣致柔」為正面工夫指點，「心使氣」則重負面反省，兩氣義皆屬人生命之氣，未出《論語》範圍。

孟子純就道德修養言氣，《孟子》書之氣均具正面意義，所提出「以志帥氣」「配義與道」之修養方法，乃繼承《左傳》志氣之義，屬心理、精神力面者。志從心生，心有所嚮，可率生理之氣俱赴，透過氣之作用完成志向，是謂以志率氣。因志氣屬精神性者，故不必如《論語》所云血氣有成長衰老之自然歷程，是以知志氣之層次高於血氣，孟子言「浩然之氣」更徹盡其義蘊。以德性為內容之志氣，固遠較充體之氣涵義廣大且深遠。孟子以氣配義與道，直養無害，發為德性生命之光輝，而達於充塞天地、浩然流行之境界，在氣之觀念發展史上，誠具有重要之意義。

《莊子》內七篇所論氣義，仍屬生命性、精神性之氣？至於自然之氣，則已見雲、氣二字連用，唯不出六氣範圍。附帶一提者為正文未納入討論之列，其時代早於《莊子》內篇或大約同時之諸子及兵家著述中，如《墨子》、《孫子兵法》、《吳子兵法》、《司馬法》等書所論述之氣義，仍未出《左傳》、《國語》及《論語》論氣範圍，惟專就軍事方面討論〔註1〕。《孫臏兵法》且

〔註1〕筆者據索引統計各書所見氣字次數如下：《墨子》二十見，《吳子兵法》四見，《孫子兵法》（非下文之孫臏兵法）二見，《司馬法》三見，皆就人氣討論。

有〈延氣〉專篇，列舉〈激氣〉、〈利氣〉、〈厲氣〉、〈斷氣〉、〈延氣〉五事，反覆申論激勵士氣之方〔註2〕。各家之論述皆兵事也，雖《墨子》亦不例外〔註3〕。上述各家有共同之趨向，所言均指人氣，而未嘗論及自然之氣，論天氣者，僅《晏子》書中一見，然通觀《晏子》全書，亦論述人氣者多而天氣者少。〔註4〕

氣義自《莊子》外篇，始有較大之發展。以氣爲宇宙客觀行流之存在，或存在之流行。視萬物之生皆因有氣流行於其形質中，皆由氣之流行所以成其爲萬物。此義乃由人氣、天氣交合以解釋萬物之氣，較老子存在狀態之氣義，似更進一層，且已有氣化思想。〈知北遊〉云「臭腐復化爲神奇，神氣復化爲臭腐。」進而言「通天下一氣」。以氣之流行，恆能超越萬物形質，遍運於天地而無形無象。雖然，氣之原始義並未棄置，更與神並言「神氣」，以之說明人顯示在外之精神狀態。氣義之蘊乃逐漸豐富。

《管子》書成於稷下學者之手，〈心術〉、〈內業〉、〈樞言〉各篇論述精、氣、神，以氣可積聚變化爲精，並可遍運遍感萬物，因其流行無方，妙運莫測，是以謂之有神，由精而神，謂之精神。此三者共運於人身，發於知、思、志、情、意、欲等方面，表現爲認知、思辨、喜怒哀樂、好惡等心理現象，莫不以此三者爲本，而氣又爲精神之原。一切內在生命之學問，必與此有關，精又具生化功能，亦間接賦予氣生化作用，是爲元氣說之前導。

荀子以其知識心，將氣作爲思辨對象，以之爲構成萬物之基本元素，乃綜合《管子・內業》、〈心術〉之說，爲《淮南子》氣化宇宙論立一理論依據。在荀子思辨性格下之氣義，僅爲靜態、自然之存在，與《莊子》外篇流行說大異其趣。

生理之氣周身流行，煉氣者可返觀以把握其客觀存在於生命中之眞實

惟《墨子》有望氣之說，其義據〈迎敵祠〉第六十八所載：「凡望氣，有大將氣，有小將氣，有往氣，有來氣，有敗氣，能得明此者，可知成敗吉凶。」斯爲人之活動之引申，亦可涵於人氣而說之。《墨子閒詁》，清孫詒讓撰，卷十五，頁2。

〔註2〕見《十一家註孫子》，里仁書局，新校本所附《竹簡兵法》，頁37。

〔註3〕墨子有關氣之記載二十見中，與兵事有關者凡十三，分別見於〈備穴〉一，〈迎敵祠〉十，〈號令〉二。

〔註4〕《晏子春秋》，中國子學名著集成編印基金會印行。
《晏子》書中氣字凡六見，言天氣者僅一見。其文云：「日月之氣，風雨不當。」卷一，頁56，諫上。

性，與內經醫學具論之氣實一，可作爲認知或經驗之對象，而成就氣之知識性格。煉氣爲通過引氣之內部鍛鍊，使血氣調和，用以袪病或養形，亦可以意控制，排除心思雜念，爲意識上之自我鍛鍊，此爲生理血氣之具體內容。

《呂氏春秋》憑藉《莊子》外篇、《管子‧內業》論述一氣相通，搏氣如神之理論基礎，取其流行之性質，作爲解釋經驗感應之根據，並以氣爲超形質之存在。自然之氣在《呂氏春秋》爲論氣之大端。先民經長期農業生活經驗觀察所得四時更迭，季節流行，在《莊子》雜篇已有粗略之記載，至《管子》四時篇更以寒煖程度區分四時之氣爲風、陰、陽、寒。《呂氏春秋》一方面下開二十四節氣之說；一方面又因四時寒煖變化，以致萬物之生殺，於是漸有將生化作用歸約爲陰陽二氣之趨勢，且合管子、荀子之化生、元素理論，可視爲漢人氣化宇宙論之前驅。

上述論述人氣部份，皆就人生前而言，今自《禮記》特重祭禮之氣觀之，所言多指死後之氣，名之曰神、魂、陰陽。神魂原爲一氣，陰屈而陽伸，死生有別。生曰魂，死曰神，以人氣含性、識，獨異於萬物，死後昭明悽愴而無不之，故曰神。祭義言氣，以鬼神爲內容。〈祭義〉云：「氣也者，神之盛也，魄也者，鬼之需也，合鬼與神，教之至也。」教化爲祭禮精神所在。〈中庸〉云：「視之而不見，聽之而不聞，洋洋乎如在其上，如在其左右。」孝子愼終追遠，惟齋敬以誠，以氣致氣，始能與神明相接。〈祭統〉言：「敬盡可以事神明」。〈中庸〉主張「齋明盛服，以承祭祀。」皆以誠敬之至，爲通於神明之道。《禮記》言祭，其事則在致氣，通於神明；且義則齋敬與誠；其教則民德歸厚。此乃氣統於教化之下討論，儒家鬼神論之過於常人者也。

《易傳》言「精氣爲物」「一陰一陽之謂道」，精氣爲物乃物質層之化生，非宇宙道體之創生。陰陽本爲氣之流行，流行者氣也，所以流行者道也。道與氣爲異質之兩層，故《易傳》未有氣化宇宙論，典型之氣化宇宙論，必自《淮南子》始。

以上所述爲氣一概念在先秦，秦漢之際發展之大端，其意義之逐漸擴大，涵蘊之逐漸豐富，誠顯而易見。

經兩漢氣化宇宙論思想彌漫之後，氣義則落實在藝術文學方面討論。故氣之藝術性論述誠已綜合前此氣論思想，以嶄新之面目及義蘊出現。此面目即爲藝術之創作與批評，人物之鑒賞，其義蘊則爲人之氣性，《人物志》即以

之爲對象建立系統理論。以氣性論人，可盡人生實然內容，然無法通透應然之領域。此乃以氣論性之限制。若合德性與氣性，則可撒盡全幅人性內容，此點誠爲理解人性所宜知者也。

　　曹丕首先將氣引進文學領域討論，並據以建立文學批評之準則，揭示文學與生命根根相連之奧秘，進而以氣之所在即風格所在，爲藝術創作最高之準則，開出氣之另一論述方向。《文心雕龍》承其端緒，將文學上氣之概念區分益密，並建立系統之論述，自此氣在文學理論上之地位於焉確立。

參考書目

壹、經　部

1. 《周易》，王弼、韓康伯注，十三經注疏阮刻本，藝文。
2. 《周易集解》，李鼎祚撰，學生書局。
3. 《易程傳易本義》，程頤、朱熹撰，河洛圖書出版社。
4. 《易經研究論集》，林師景伊等撰，黎明文化事業公司。
5. 《周易古經通說》，高亨撰，洪氏出版社。
6. 《周易古經今注》，高亨注，洪氏出版社。
7. 《易學新論》，嚴靈峯著，正中書局。
8. 《易傳道德的形上學》，范良光撰，商務印書館。
9. 《尚書》，孔安國注，十三經注疏阮刻本，藝文。
10. 《詩經》，鄭玄箋，十三經注疏阮刻本，藝文。
11. 《詩經釋義》，屈萬里撰，華岡出版部。
12. 《儀禮》，鄭玄注，十三經注疏阮刻本，藝文。
13. 《周禮》，鄭玄注，十三經注疏阮刻本，藝文。
14. 《禮記》，鄭玄注，十三經注疏阮刻本，藝文。
15. 《禮學新探》，高師仲華撰，學生書局。
16. 《左傳》，杜預注，十三經注疏阮刻本，藝文。
17. 《左傳會箋》，竹添光鴻箋，廣文書局。
18. 《春秋左傳注》，楊伯峻注，源流出版社。
19. 《春秋三傳研究論集》，戴君仁等撰，黎明文化事業公司。
20. 《論語》，何晏集解，十三經注疏阮刻本，藝文。

21. 《論語正義》，劉寶楠正義，中華書局。
22. 《論語集注補正述疏》，簡朝亮撰，鼎文書局。
23. 《孟子》，趙岐注，十三經注疏阮刻本，藝文。
24. 《孟子字義疏證》，戴震撰，商務印書館。
25. 《孟子正義》，焦循正義，中華書局。
26. 《孟子譯注》，楊伯峻譯注，源流出版社。
27. 《孟子思想研究論集》，吳康等注，黎明文化事業公司。
28. 《四書集註》，朱熹集註，學海出版社。
29. 《四書讀本》，蔣伯潛撰，香港啟明書局。
30. 《群經述要》，高師仲華等，黎明文化事業公司。
31. 《說文解字注》，段玉裁注，蘭臺書局。
32. 《說文類釋》，李師國英撰，南嶽出版社。
33. 《甲骨文字集釋》，李孝定撰，史語所專刊。
34. 《小屯、殷墟文字甲、乙、丙編》，董作賓等撰，甲、乙商務；丙藝文。
35. 《殷墟書契考釋》，羅振玉編，藝文印書館。
36. 《戩壽堂所藏殷墟文字》，王國維編，藝文印書館。
37. 《殷墟書契菁華》，羅振玉編，北平富晉。
38. 《殷墟粹編》，郭沫若編，大通書局。
39. 《殷墟書契續編》，羅振玉編，藝文印書館。
40. 《卜辭通纂別錄》，郭沫若編，東京文求堂。
41. 《殷契駢枝》，于省吾編，藝文印書館。
42. 《金文詁林、附錄》，周法高編，香港中文大學。
43. 《三代吉金文存》，羅振玉編，文華出版社。
44. 《聲類新編》，陳師新雄編，學生書局。

貳、史 部

1. 《國語》，左丘明撰，九思出版社。
2. 《國語韋氏解》，左丘明撰，世界書局天聖明道本。
3. 《戰國策》，劉向集錄，里仁書局新校本。
4. 《史記》，司馬遷撰，藝文印書館景印武英殿本。
5. 《史記》，司馬遷撰，鼎文書局新校本。
6. 《漢書》，班固撰，藝文印書館景印虛受堂本。
7. 《後漢書》，范曄撰，鼎文書局新校本。

8. 《三國志》，陳壽撰，鼎文書局新校本。

9. 《宋書》，沈約撰，鼎文書局新校本。

10. 《南史》，李延壽撰，鼎文書局新校本。

11. 《梁書》，姚思廉撰，鼎文書局新校本。

12. 《隋書》，魏徵等撰，鼎文書局新校本。

13. 《中國哲學史》，馮友蘭撰，翻印本。

14. 《中國哲學史》，勞思光撰，三民書局。

15. 《中國哲學思想史》，武內義雄撰，仰哲出版社。

16. 《中國思想史》，錢穆撰，學生書局。

17. 《西洋哲學史》，羅素撰、邱言曦譯，中國書局。

18. 《西洋哲學史》，傅偉勳撰，三民書局。

19. 《中國哲學史概論》，渡邊秀方撰、劉侃元譯述，商務印書館。

20. 《中國古代哲學史》，胡適撰，商務印書館。

21. 《兩漢思想史》（一、二、三），徐復觀撰，學生書局。

22. 《中國中古哲學史要》，韓逋仙撰，正中書局。

23. 《中國中古思想小史》，胡適手稿本，胡適紀念館。

24. 《中國中古思想史長編》，胡適手稿本，胡適紀念館。

25. 《中國政治思想史》，蕭公權撰，聯經出版事業公司。

26. 《中國人性論史先秦篇》，徐復觀撰，商務印書館。

27. 《中國之科技與文明》（一、二），李約瑟撰、陳立夫主譯，商務印書館。

28. 《中國科學文明史》，未著作者，木鐸出版社。

29. 《中國科技史概論》，何丙郁、何冠彪合撰，木鐸出版社。

30. 《中國古代天文學簡史》，陳遵嬀撰，木鐸出版社。

31. 《中國天文史話》，未著作者，明文書局。

32. 《中國醫學史》，陳邦賢撰，商務印書館。

33. 《中國醫學史略》，未著作者，啟業書局。

34. 《中國學術思想史論叢》（一、二、五），錢穆撰，東大圖書公司。

35. 《中國思想史論集》，徐復觀撰，學生書局。

36. 《中國思想史論集續編》，徐復觀撰，時報出版社。

37. 《古史辨》（七冊），錢玄同等撰，翻印本。

38. 《歷史哲學》，牟宗三撰，學生書局。

39. 《歷史與思想》，余英時撰，聯經出版事業公司。

40. 《中國思想史資料導引》，馮友蘭撰，牧童出版社。

41. 《中國文學發展史》，劉大杰撰，華正書局。

42. 《中國文學史論》，華師仲麐撰，開明書店。

43. 《中古文學史論》，王瑤撰，長安出版社。

44. 《中國文學批評史》，郭紹虞撰，泰盛書局。

45. 《中國文學批評史》，陳鍾凡撰，龍泉書屋。

46. 《中國文學批評史》（上），劉大杰撰，丹青圖書公司。

47. 《中國文學批評史》，羅根澤撰，龍泉書屋。

48. 《魏晉南北朝文學史參考資料》，漢學供應社。

49. 《先秦文史資料考辨》，屈萬里撰，聯經出版事業公司。

50. 《氣の思想》，小野沢精一等編，東京大學出版會。

參、子　部

1. 《道德眞經註》，王弼註，藝文印書館。

2. 《老子微旨例略》，王弼撰，藝文印書館。

3. 《老子王弼注》，王弼注，石田羊一郎刊誤，河洛圖書出版社。

4. 《老子道德經》，河上公注，藝文印書館宋刊本。

5. 《老子道德經》，河上公注，藝文印書館景印明嘉靖本。

6. 《老子道德經憨山解》，憨山大師著，新文豐出版琉璃經房本。

7. 《老子校詁》，蔣錫昌撰，東昇出版社。

8. 《老子韓氏說》，陳柱編，西南書局。

9. 《老學九篇》，陳柱等撰，翻印本。

10. 《老子校釋》，朱情羣撰，里仁書局。

11. 《老子讀本》，余師培林註譯，三民書局。

12. 《老子哲學》，王邦雄撰，東大圖書公司。

13. 《老子今註今譯》，陳鼓應撰，商務印書館。

14. 《墨子閒詁》，孫詒讓撰，河洛圖書出版社。

15. 《墨辯研究》，陳癸淼撰，學生書局。

16. 《南華眞經注疏》，成玄英撰，藝文印書館集成本（三、四）。

17. 《莊子集釋》，郭慶藩撰，河洛圖書出版社。

18. 《莊子今箋》，高亨撰，中華書局。

19. 《莊子研究》，葉國慶撰，商務印書館。

20. 《莊子纂箋》，錢穆撰，三民書局。

21. 《莊子》，福永光司撰、陳冠學譯，三民書局。

22. 《莊子研究論集》，葉國慶等撰，木鐸出版社。

23. 《莊子讀本》，黃師錦鋐撰，三民書局。

24. 《莊子哲學》，陳鼓應撰，商務人人文庫。

25. 《莊子今註今譯》（上、下），陳鼓應撰，商務印書館。

26. 《老莊哲學》，胡哲敷撰，中華書局。

27. 《老莊哲學》，吳康撰，民文出版社。

28. 《老莊研究》，嚴靈峯撰，中華書局。

29. 《老莊思想論集》，王煜撰，聯經出版事業公司。

30. 《莊老通辨》，錢穆撰，新亞研究所。

31. 《管子》，尹知章注，商務印書館宋刊景印本。

32. 《管子》，戴望校正，商務印書館國學叢書本。

33. 《管子評議》，婁良樂撰，嘉新研究論文第三○四種。

34. 《管子纂詁》，安井衡撰，河洛圖書出版社。

35. 《鄒衍遺說考》，王夢鷗撰，商務印書館。

36. 《孫子十一家註》，曹操等註，中國子學名著集成編印基金會印行宋刊本。

37. 《十一家注孫子》附《竹簡兵法》，曹操等注，里仁書局今譯本。

38. 《晏子春秋》，中國子學名著集成編印基金會印行。

39. 《荀子》，楊倞注，商務四部叢刊景印古逸本。

40. 《荀子集解》，王先謙撰，藝文印書館。

41. 《名家與荀子》，牟宗三撰，學生書局。

42. 《韓非子》，黃菎國校，商務四部叢刊景印宋刊本。

43. 《韓非子集釋》，陳奇猷集解，世界書局。

44. 《韓非子校釋》，陳啓天撰，商務印書館。

45. 《呂氏春秋》，呂不韋門客撰，商務四部叢刊景印宋刊本。

46. 《淮南鴻烈集解》，劉文典撰，粹文堂書局。

47. 《論衡》，王充撰，商務四部叢刊景印明本。

48. 《人物志》，劉卲撰，商務四部叢刊景印明刊本。

49. 《人物志》，劉昞注，中華書局四部備要本。

50. 《素問王冰注》，未著作者，中華書局四部備要本。

51. 《黃帝靈樞經》（新校本圖書集成醫部全錄冊三、冊五），未著作者，新文豐出版公司。

52. 《經脈圖考》，陳惠疇撰，文光圖書公司。

53. 《先秦諸子繫年》（上、下），錢穆撰，三民書局。

54. 《先秦諸子論叢》（正、續），唐端正撰，東大圖書公司。

55. 《諸子考索》，羅根澤撰，學林書店。

56. 《諸子評議》（上、中、下），俞樾撰，商務人人文庫本。

57. 《中國哲學原論導論篇》，唐君毅撰，學生書局。

58. 《原道篇》，唐君毅撰，學生書局。

59. 《原性篇》，唐君毅撰，學生書局。

60. 《中國哲學的特質》，牟宗三撰，學生書局。

61. 《中國哲學十九講》，牟宗三撰，學生書局。

62. 《中國哲學論集》，王邦雄撰，學生書局。

63. 《中國哲學問題》，安樂哲撰，商務印書館。

64. 《中國哲學與中國文化》，成中英撰，三民書局。

65. 《中國哲學思想論集先秦篇》，梁啓超等撰，牧童出版社。

66. 《孔孟荀哲學》，吳康撰，商務印書館。

67. 《原始儒家道家哲學》，方東美撰，黎明文化事業公司。

68. 《道家與神仙》，周紹賢撰，中華書局。

69. 《先秦兩漢之陰陽五行學說》，李漢三撰，維新書局。

70. 《玄學・文化・佛教》，湯錫予撰，廬山出版社。

71. 《人物志講義》，程兆熊撰，鵝湖學社。

72. 《蠡海集》，王逵撰，藝文印書館百部叢書本。

73. 《日知錄》，顧炎武撰，明倫出版社。

74. 《才性與玄理》，牟宗三撰，學生書局。

75. 《現象與物自身》，牟宗三撰，學生書局。

76. 《智的直覺與中國哲與》，牟宗三撰，商務印書館。

77. 《心體與性體》（一、二、三），牟宗三撰，正中書局。

78. 《貞元六書》，馮友蘭撰，翻印本。

79. 《靈魂與心》，錢穆撰，聯經出版事業公司。

80. 《中國藝術精神》，徐復觀撰，學生書局。

81. 《形上學》，曾仰如撰，商務印書館。

82. 《道德哲學》，張東蓀撰，翻印本。

83. 《偽書通考》，張心澂撰，鼎文書局。

84. 《文史研究方法論集》，梁啓超等撰，泰華堂出版社。

85. 《中國思想史方法論文選集》，韋政通編，大林出版社。

86. 《史學方法論叢》，黃俊傑編，學生書局。

肆、集　部

1. 《世說新語校箋》，楊勇撰，文光圖書公司。

2. 《文心雕龍注》，范文瀾注，開明書店。

3. 《文心雕龍札記》，黃侃撰，文史哲出版社。

4. 《文心雕龍研究》，王師更生撰，文史哲出版社。

5. 《文心雕龍讀本》，王師更生撰，文史哲出版社。

6. 《詩品注》，汪師雨盦撰，正中書局。

7. 《昭明文選》，李善、五臣注，漢京出版社。

8. 《漢魏六朝百三家集題辭注》，張溥撰，木鐸出版社。

9. 《中國歷代文論選》（上），木鐸出版社。

10. 《文論講述》，許文雨，正中書局。

11. 《六朝文論》，廖蔚卿，聯經出版事業公司。

12. 《中國文學批評資料彙編之七編》，葉慶炳、邵紅等編，成文出版社。

13. 《中國文學理論》，劉若愚撰、杜國清譯，聯經出版事業公司。

14. 《中國文學論集》，徐復觀撰，學生書局。

15. 《四庫全書總目提要》。

16. 《詩文評類》（五），商務印書館。

伍、論　文

1. 〈金文嘏辭釋例〉，徐中舒撰，《史語新集刊》第六本第一分。

2. 《先秦楚文字研究》，許學仁撰，師大國研所碩士論文。

3. 〈行氣　劍珌銘文考釋〉，王季星撰，《學原》第二卷第三期。

4. 〈戰國道家〉，陳榮捷撰，《史語所集刊》第四十四本第三分。

5. 《先秦道家道的觀念的發展》，楊儒賓撰，台大中研所碩士論文。

6. 《老子「無」的哲學之研究》，黃漢光撰，文化大學哲研所博士論文。

7. 《論老子形上義理形態的詮釋》，袁保新撰，文化大學哲研所博士論文。

8. 〈老子形上學之義蘊〉，胡以嫻撰，《中國文化月刊》四十七、四十九期。

9. 《莊子自然主義研究》，顏崑陽撰，師大國研所碩士論文。

10. 《莊子轉俗成真之理論結構》，林鎮國撰，師大國研所碩士論文。

11. 〈莊子「道」的意義之解析〉，陳鼓應撰，《大陸雜誌》四十二卷第三期。

12. 〈莊子認識系統的特色〉，陳鼓應撰，《大陸雜誌》四十四卷第一期。

13. 〈莊子生死觀念的剖析〉上、下，劉光義撰，《大陸雜誌》三十三卷第一、二期。

14. 〈陰陽五行說之來歷〉，梁啓超撰，《東方雜誌》二十卷十號。

15. 〈周秦陰陽五行家思想研究〉，林金泉撰，師大國研所碩士論文。

16. 《呂氏春秋與先秦諸子之關係》，傅武光撰，師大國研所博士論文。

17. 《淮南鴻烈思想研究》，陳麗桂撰，師大國研所博士論文。

18. 《魏晉南北朝文學思想史論》，張仁青撰，師大國研所博士論文。

19. 《張子氣運哲學管窺》，徐哲萍撰，文化大學三研所博士論文。

20. 〈中國哲學中之神秘主義〉，馮友蘭撰，《燕京學報》第一期。

21. 〈文氣綜論〉，杜松柏撰，《文史季刊》第二卷第一期。

22. 〈中國文學批評史上之「神」「氣」說〉，郭紹虞撰，《小說月報》十九卷第一期。

23. 〈論中國文學批評史上「氣」的問題〉，張漢良撰，《青年月刊》四十一卷第四期。

24. 《孟子》的浩氣與辭章，張靜二撰，《中外文學》第七卷第十期。

25. 〈王充的文學理論──從氣的觀念談起〉，張靜二撰，《中外文學》第六卷第十、十一期。

26. 〈試論曹丕怎樣發現文氣〉，王夢鷗撰，《中外文學》第八卷第四期。

27. 〈曹丕典論論文對魏晉文風的影響〉，黃師錦鋐，《書目季刊》第十七卷第三期。

28. 〈論文心雕龍的「氣」〉，王金凌撰，《中外文學》第八卷第七期。

附錄：曹丕〈典論論文〉「氣」義探微

莊耀郎

一、

　　氣字被引用作爲文學批評術語之前，原有它的通俗義及在思想史上特具的定義。如同風、骨、神、韻一般，在納入文學批評之前，原是人物品鑒的習慣用語，經過有識者巧妙的引渡安排，順適地和文學批評接上了頭。而它的原義並未因此而消失，反而因後人的轉精之說，推陳出新，不斷賦予新義或擴大其義涵，儼然蔚爲重要的、義蘊豐富的批評術語。雖然如此，它的符號本身一仍舊貫。其實，這些詞語往往在不同的時代或不同的批評家所指的意義未必盡同，甚且，各具意蘊，迥不相侔的情形亦非鮮見。然而，由於符號本身的單純化，缺乏精密的識別性，因此，批評家在闡說其主張時，常使用同一語詞表達不同的意思，導致這個語詞在同一篇章的上下文出現時，已經有了歧義。這種現象，在初期的文學批評論述中尤其顯著，後人因囿於時代環境或個人的因素，在詮釋時，便不免有作過度引申，或混同其間本應予劃分的界限的情形出現，因而何以無法確切地掌握作者原來所賦予的義蘊，也就不難理解了。傳統文學批評研究的困難也正在於此，本文擬嘗試就曹丕〈典論論文〉的氣義作一番探索。

　　有關「氣」一詞在曹丕〈典論論文〉中的義涵，後人在解釋上就有紛歧的說法，乍看之下，都各有所據，似乎皆言之成理；仔細審察，猶不免犯了過度引申或混同界限的疏忽，緣何如此，恰如前文所言，其中最重要的一個關鍵，就是忽略了詞語意義的發展性格，在不同時代下的限制。換句話說，詞義的發展也有它的漸進性，它的所涵並非與生俱足，一開始就應用無方的。

因此，若能著眼於時代性，詞義發展階段的考察，或許有助於釐清前述問題的癥結。一個詞所涵的意義，一個概念的發展，它的軌跡不可能孤立地作單線的衍進，必然是伴隨著時代思想及學術而漸進；職是之故，我們也可以用逆推上溯的方法質詢，假如在相關的學術思想尚未發生或成熟的階段，可能產生如此的概念嗎？如此，或許可能提供一個更清楚的輪廓，幫助我們對問題的思考，分析前人形成疏忽的原因，並找尋合理的解釋。另一方面，作品本身雖已自足充份的批評原理原則，但是作者本人卻未必意識到此，理由很簡單，最初的文學批評乃是基於對作品的整理與反省攀緣而起的知性思考，在時間上必然是發生在後的，因此，創作和批評必須有所分別。創作偏重感性，而批評則偏於知性。綜合以上所述，本文的討論得先確立一個前提，即是一個詞語，必須是批評者基於批評背景的時空之下，有可能自覺到、意識到的，它的義涵，才可以被確認，否則，寧可將它視作是另一階段的發展或是一家之言，無關於本文討論的宏旨。

二、

　　批評是知性的，曹丕論文又是我國文學批評濫觴之作〔註1〕，曹丕是否有意識的使用「氣」一詞，曹丕本人是否具備充份的知性思考能力，這是我們首先要了解的。否則，若是基於一時興起，隨意拈用，以致造成後人的溷沌，豈非罪莫大焉？然而，仔細了解曹丕其人，則可知他所以能首先將氣引進詩文評的領域，是有他的睿知的。雖然後世評論家大多認為其才不及乃弟曹植，但是這種看法是只立足在創作觀點上說的，若從整體的眼光來剖析，則不盡然，早在劉勰的時代，就曾提出不同的見解，為曹丕抱不平，《文心雕龍・才略》篇云：

> 魏文之才，洋洋清綺，舊談抑之，謂去植千里。然子建思捷而才儁，詩麗而表逸；子桓慮詳而力緩，故不競於先鳴；而樂府清越，典論辯要，迭用短長，亦無懵焉。但俗情抑揚，雷同一響，遂令文帝以位尊減才，思王以勢窘益價，未為篤論也。

明末的王夫之也持相同的看法，在他的《薑齋詩話》中說：

> 曹子建鋪排整飾，立階級以賺人升堂，用此，致諸趨赴之客，容易

〔註1〕　《四庫全書總目提要》末一百九十五〈詩文評序〉云：「文章莫盛於兩漢，渾渾灝灝，文成法立，無格律之可拘。建安黃初，體裁寖備，故論文之說出焉，典論其首也。」商務，頁91，冊五。

成名，伸紙揮毫，雷同一律。子桓精思逸韻，以絕人攀躋，故人不
樂從，反爲所掩。子建以是壓倒阿兄，奪其名譽。實則子桓天才駿
發，豈子建所能壓倒耶！〔註2〕

劉勰說子桓慮詳，〈典論〉辭要，明顯的推重其知性，尤其特別指出〈典論〉
的特質是屬於批判性的，王船山也指出曹丕具「精思」的質性。葉嘉瑩也頗
爲稱道曹丕，認爲他感性和知性均衡兼有，和張衡、杜甫並列，都屬於感性
知性兼長並美的天才，且舉出〈典論論文〉及兩首〈燕歌行〉，說明其知所毀
建廢興，能開風氣之先〔註3〕，林文月更從各種角度透視曹氏兄弟，認爲曹丕
理智、謹慎，有文人的氣質兼治學的能力〔註4〕。由此，我們可以確定曹丕具
備充份知性思考的能力，因而才能寫出〈論文〉的篇章，成爲文學批評的先
聲。〈論文〉所以被收入《昭明文選》，主要是論文也揚溢著十足的藻采，有
很高的可讀性。實質上，〈典論論文〉的寫作，是源於知性的，它意在傳達批
評的理念。所以，我們幾乎沒有理由相信曹丕在寫作時，沒有對符號本身義
涵有足夠的覺察。至於他意識下的氣義爲何？即是本文探討的主題。如果我
們從考察歷代評論家的說法，一一列舉，並加以批判，而斷其是否合於曹文
的原意，將是一件浩大的工程，且頭緒萬端，到頭來也未必能有正確的把握。
因此，本文將逕從考察氣義發展與相關學術的關係上著手，給予曹丕〈論文〉
氣義適當定位，從而討論其義蘊。

三、

　　設若要從氣的概念發展流變上透視曹文氣字的義涵，就首先要追溯氣的
觀念淵源及發展〔註5〕。今天我們所熟知的「氣」字的解釋，其實並不是它的
本義，根據許慎《說文解字》的說：

　　氣，饋客之芻米也，從米气聲。

段玉裁注解說：

　　今字叚借爲雲氣字。

〔註2〕　《薑齋詩話箋注》，卷二，〈夕堂永日緒論〉內篇三十，頁04，木鐸出版社。
〔註3〕　《杜甫秋興八首集說》，葉嘉瑩著，代序，頁9～10，中華叢書。
〔註4〕　《中國文學評論》，第一冊，〈曹丕與曹植〉，林文月撰，頁135～144，聯經出
　　　　版社。
〔註5〕　《六朝文氣論探究》，臺大中文所碩士論文，民國73年，鄭毓瑜撰，第一章，
　　　　頁1～93，《原氣》，師大國文研究所碩士論文，民國73年，拙撰。

既然不是雲氣義的本字，則雲氣義必有本字可求，《說文解字》「气」字下
云：

> 气，雲氣也，象形。

因此，我們得知「气」才是我們熟知的「氣」的本字。說文雖如此記載，但
是在今天比《說文》時代更早，已出土的甲骨文中所記載的「气」字，根據
近代學者的考釋，並不作「雲氣」解，甚至在早期的典籍裏，像《易經》卦
爻辭，《詩經》中也沒有使用氣字的跡象，因此，根據現有的資料，西周以前
有關氣的記述似乎是一片空白〔註6〕。氣字的使用，首先出現在《左傳》、《國
語》二書，它的涵義，一開始就已經是復合若干單義詞的類比詞〔註7〕。大致
說來，其義可區分為自然之氣與人氣，且二者有著某種程度的關連。至於何
者先出，一時也不容遽下論斷〔註8〕。總之，人氣是屬於人生命之氣的總稱，
例如生理上的有血氣、氣息；物理上的有聲氣、辭氣、及心理上的志氣、勇
氣、意氣、憤氣等等。自然之氣則概括了自然界諸多的流行現象，如風、
雨、雲、陰陽、晦明等，即俗稱的「六氣」。其中陰陽一詞，具體的意義是指
季節氣侯的寒暖現象，晦明所指的是運行不息的晝夜現象。因此，我們可以
得到一個總體的印象：氣是一種流行，也是流行的一種〔註9〕。它既是人的生
命力，也是自然界一切現象活力的表徵，它具有生生不息，永遠在流動變化
的特質。春秋時代先民對氣義的規定已是如此繁複，涵蓋了具體和抽象，
稍後的戰國思想家們，不但繼承了原有的涵義，而且將氣放置在價值層次上
來衡定，而賦予氣適當的份位。《孟子》就提出「以志帥氣」「配道與義」的
見解，並且謂屬於自然生命的氣當統攝於道德的心志，在具體的實踐過程
中，透過專一、持志的修養工夫，可以將氣昇華至於浩然與天地流行的境
界，不用說，它所顯示的是自然生命和道德理性的統一和諧，屬於精神人格
的一種氣象。《莊子》內篇將氣本具有的虛、自然、流行的特質，闡釋為心齋

〔註6〕 同註5，《原氣》第二章，〈氣的原始概念〉，頁9～15。

〔註7〕 「類比詞」對各物所表示的意義不是完全相同，亦不是完全不同；它所指的
　　　意義，對各物一部份是相同的，另一部份則不同。，《形上學》，曾仰如編著，
　　　頁9，商務印書館。

〔註8〕 筆者在碩士論文中（第二章，頁26）根據現有資料推斷，以為人氣先於天氣，
　　　與《說文解字》說法不同，張亨師口試時以為現有資料未能全盡古代之記載，
　　　宜作保留；其說甚諦，今從之。

〔註9〕 《中國哲學原論》，原性篇，唐君毅著，第四章指出氣為一普遍的「存在的流
　　　行」，或普遍的「流行的存在」，頁118，新亞研究所。

坐忘後所達到的逍遙境界，同樣是形容精神氣象的抽象意義。外篇以下，則有以氣解釋萬物生命本體的傾向，而有「通天下一氣」的思想，到此已具有很濃厚的哲學意味，兼有神秘的傾向，後起的《管子》書和《呂氏春秋》將這種思想發揮得更盡致。《荀子》以氣爲構成萬物的基本元素思想，也承此而來。

氣是宇宙間生命活力的表徵，生生不已，變化流行，原是得自長期的觀察經驗，因此凡是自然或人類變化的消息，都可由氣的外顯得到啓示，例如《左傳》中有「望氣」的記載：

> 公既視朔，遂登觀臺以望而書，禮也。凡分至啓閉必書雲物，爲備
> 故也。（僖公五年）

「分至啓閉」是指在季節轉換時，春分、秋分、夏至、冬至爲四季明顯的區分標幟，登臺觀察氣候，在農業社會作爲耕種作物的準備，在當時的生活型態是必要的，這種經驗雖非一朝一夕可得，總是非常具體，有驗可徵的。昭公二十年又有不同的記載：

> 梓慎望氛，曰：「今茲宋有亂，國幾亡。三年而後弭。蔡有大喪。」
> （杜預注：氣也。）

梓慎望氛，是指觀察氣的變化，進而從其中推斷政治興衰，國家治亂。類似的記載，也出現在《墨子·迎敵祠》篇中：

> 凡望氣，有大將氣，有小將氣，有往氣，有來氣，有敗氣。能得明
> 此者，可知成敗吉凶。

軍隊中，不論是個人或團體，其意志勇力的凝聚或渙散所呈現的現象，亦稱爲氣，可經由觀察而知，並可據此預卜戰事的成敗吉凶，《墨子》書素擅長於軍事，它的記載必有所據，定非憑空亂說，到了《荀子》，則具體的落實在言語行爲的修養上說。

> 不觀氣色而言，謂之瞽。（〈勸學〉）

以生命總體外現的「相」稱之爲「氣色」，這氣色就是人得諸被觀察者的血氣意志，心理情緒的綜合印象，〈非相〉篇也有「血氣態度擬於女子」的記述，「女子」是被觀察者所呈現的整體生命情態，失卻大丈夫之氣概，大類於女子而言。值得注意的是，上述所言凡「望氛」、「望氣」、「觀氣色」、「相人氣」，皆經由學有專長、經驗宏富、職有專司的人來負責，並非人人可以勝任。這種「相人」之術經過兩漢，到了劉卲《人物志》，在系統理論上得到進

一步的發展。

　　西漢時期，思想界彌漫氣化思想，醫學家將生理的機能都認爲是氣的作用。《淮南子》更達到極致，將氣賦予道的地位，氣於焉具有形上的意義，一躍而爲生化宇宙萬物的總原理——元氣，縱觀兩漢的思想家，都脫不了這種色彩。董仲舒便由此發展出「氣性」說，王充分析「氣」所具有的性質，可分化爲剛柔、強弱、厚薄、清濁，用以詮釋現實生命的夭壽、富貴、貧賤、才、庸、智、愚，善、惡、美、醜等情態萬殊的人生現象〔註10〕。魏劉邵撰《人物志》，於是建立對人的材質的系統論述。對人物的才質、情性及風貌，直接就其人生命的整體，如其爲人的作美學的品鑒。可以確定的是：「美」乃《人物志》首出的觀念〔註11〕，也是與文學自覺接榫的關鍵，《人物志》亦上溯性的根源是「元一之氣」，是人情性所本，〈九徵〉第一云：

　　　蓋人物之本，出乎情性。情性之理，甚微而玄，非聖人之察，其孰
　　　能究之哉？凡有血氣者，莫不含元一以爲質，秉陰陽以立性，體五
　　　行而著形，苟有形質，猶可即而求之。

此「元一」即根據兩漢以降的氣化思想，宇宙原理的「元氣」爲內容而規定的。這種美學的品鑒思想，直接刺激當時文學的自覺，凡以「情性」爲文學所出之思想，皆可以說是受到此種人物鑒賞形上理論的影響。曹丕的「文以氣爲主」，陸機的「緣情」說，《南齊書‧文學傳》曰：

　　　文章者，蓋情性之風標，神明之律呂也。

《宋書‧謝靈運傳》論曰：

　　　民秉天地之靈，含五常之德，剛柔迭用，喜慍分情。夫志動於中，
　　　則歌詠外發。

《顏氏家訓‧文章》云：

　　　「文章之體，標舉興會，發引性靈。」

凡所謂「情志」、「情性」、「性靈」都屬得諸天地自然之性，此自然之性總名之曰「氣性」，文學既以出自情性的感情及思想爲內涵、爲本體，則文學的本質即人生命的本質——情性，同時也根源於天地自然的生命本質——

〔註10〕《才性與玄理》，牟宗三著，第一章第一節，〈綜述「用氣爲性」所函之各種特徵〉，頁1～8，學生書局。

〔註11〕《人物志》，魏‧劉邵，〈自序〉「夫聖賢之所美，莫美乎聰明」，中華四部備要本。

氣。〔註12〕

　　相人之術，在《人物志》更確立其理論基礎，認爲「苟有形質，猶可即而求之。」由於氣色外顯，故相者可得其情性體貌而推知，〈九徵〉又云：

> 雖體變無窮，猶依乎五質。故其剛柔明暢貞固之徵，著乎形容，見乎聲色，發乎情味，各如其象。

文學既是心志的外發，情性的表徵，從人物的品鑒轉爲對作品的評論；從整體的相人到文章風格的品評，其實是非常自然順勢的轉進。〔註13〕

四、

　　掌握了氣的觀念的發展流變，大致可理出典論論文所屬氣義的解釋方向。在作進一步的析論之前，宜對〈典論論文〉本身所呈現的「過渡性」作一瞭解。所謂「過渡性」就是它所呈現出的轉型功能及橋樑性質，將屬於不同性質的兩種作用予以統一，運用相同的文句表達。例如曹丕雖然能自覺到文學的獨存價值，超越往昔附屬於政治、社會及學術的實用功能，但他的思想仍未純然觸及文學所獨具的藝術性，只能說是介乎實用到藝術之間的觀念。〈典論論文〉說：

> 蓋文章，經國之大業，不朽之盛事，年壽有時而盡，榮樂止乎其身，二者必至之常期，未若文章之無窮，是以古之作者，寄身於翰墨，見意於篇籍，不假良史之辭，不託飛馳之勢，而聲名自傳於後。

明顯的可以看出曹丕並未就文學自身所具「藝術美」的不朽性來肯定文章的價值，只作爲與「道德」「事功」爭名、爭不朽的憑藉，仍偏重文章工具屬性的一面，對於翰墨、篇籍可能隱含的美的價值，並未盡數發掘，是很可惜的。

其次，文中又提到：

> 夫文本同而末異，蓋奏議宜雅，書論宜理，銘誄尚實，詩賦欲麗。
> 此四科不同，故能之者偏也，唯通才能備其體。

在這段話中，曹丕不但突破詩賦在傳統上的言志、比興美刺的政治教化的工具屬性，直接探出歷來被忽略的詩歌所具有深邃的藝術本質；在討論奏議、書論、銘誄時，也能擺落實用的束縛，凸顯它的藝術效應，實在是曹丕能洞

〔註12〕《六朝文論》，廖蔚卿著，第五章，文氣論，一，〈性情的氣〉，頁51，聯經出版社，文學評論，第一集，《鍾嶸詩品析論》，廖蔚卿，頁2，書評書目。
〔註13〕《古典文學探索》，王夢鷗著，〈試論曾丕怎樣發現文氣〉，頁77，正中書局。

悉上述文類所具有的雙層結構，即是語文本身的質性結構及由語文爲媒體所呈現的內容功能。〔註14〕

　　上述的情形，在在都足以說明曹丕論文在其時空下所呈現的過渡性質，以下所要進入本文的主題——氣義的探析，仍不免有此色彩。文學是宇宙原理通過人的筆來表現的，文學所本的情性即本諸人的生命，生命的質性即自然賦予的氣，因此曹丕云：

> 文以氣爲主，氣之清濁有體，不可力強而致。譬諸音樂，曲度雖均，
>
> 節奏同檢，至於引氣不齊，巧拙有素，雖在父兄，不能以務子弟。

歷來討論「文以氣爲主」這句話的，多有將它追溯到《論語・泰伯》篇曾子所說：「出辭氣，斯遠鄙倍矣。」或是《孟子・公孫丑》篇所言「養氣知言」，且認爲是曹丕說法之所本。其實，曾子所說的「辭氣」指的是說話時的語調，特別與說話者的品德修養有密切的關係，所謂的「語調」，主要是指說話時的態度而言，類似今日所說的「口氣」，與後來論者所談文章的「氣勢」「音律」殊異其趣，唯一相同的是，兩者都關係聽者（或讀者）的感受，只是對「辭氣」的感受是修養上的，對「氣勢」「音律」的感受是美學上的。至於《孟子》的「養氣」「知言」，本來是兩回事，前者的內容是討論養勇的生命境界；後者所指的是對判知言辭限制的討論。《孟子》本人在文中也予以分開討論，未嘗混同，只因爲章句相連，後人又將此章案上「養氣知言章」的題目，於是不察的人就以爲是同一件事。事實上，不止是《孟子》的養氣和知言要分開說，即使是劉勰《文心雕龍》的〈養氣篇〉也不能和《孟子》的養氣混爲一談〔註15〕。名同而實異，不可不有所辨別。因此，歷來說曹丕〈論文〉是本於曾子或孟子的人，觀念都不如曹丕清晰，未能明察道德與文學的界限。李綱〈道鄉集序〉云：

> 文章以氣爲主，如山川之有煙雲，草木之有英華，非淵源根柢所蓄
>
> 深厚，豈易致也？士之養氣，剛大塞乎天壤，忘利害而外生死，胸
>
> 中超然，則發爲文章，自胸中出，雖與日月爭光可也。

李綱的這段文字，從句法上看，必受到曹丕的影響，但共討論的內容，則是充滿《孟子》養氣說的思想，此是混同兩者界限的例子之一。

〔註14〕　《六朝風格論之理論與實踐探究》，臺大中文所碩士論文，民國67年，蔡英俊。

〔註15〕　同註13，頁76，「至於孟子的養氣，則有待劉勰寫《文心雕龍・養氣》篇時才有所申述」，疑恐未必然。

另一說以「氣勢」解釋曹丕「文以氣為主」的氣義，「氣勢」是行文之時，因語調的自然所需，迭換音節，字句的短長，音聲的高下，如此，則可以控馭行文的氣勢，其要在於因應文義需要而適度運用聲調、音節變化與句子的長短、字數多寡而已。至於貫通全篇的氣勢，則端在語助辭的迴運。是純粹屬於修辭技巧，此法的施諸創作，雖自古有之，但是作者並未有自覺，真正注意到「氣勢」的是劉勰，《文心雕龍・章句》篇云：

> 若乃改韻從調，所以節文辭氣……兩韻輒易，則聲韻微躁；百句不遷，則脣吻告勞。

> 至於夫、惟、蓋、故者，發端之首唱；之、而、於、以者，乃箚句之舊體；乎、哉、矣、也，亦送末之常科。據事似閒，在用實切，巧者迴運。彌縫文體，將令數句之外，得一字之助矣。

韓愈則繼承《文心雕龍》的說法，更加強調氣勢在文章的重要性，〈答李翊書〉云：

> 氣，水也；言，浮物也；水大，而物之浮者大小畢浮。氣之與言猶是也，氣盛則言之短長與聲之高下者皆宜。

劉勰與韓愈都是能自覺「氣勢」涵義的人，二人遠在曹丕之後，曹丕不及見。氣勢是修辭上極重要之一端，非待文學自覺，創作累積豐富經驗後，不能反省至此，曹丕之時，始提出文學自覺的宣言，似乎不可能立即有如此成熟的修辭觀念。最大的關鍵在於「氣勢」一義，如何解釋「清濁有體」及「雖在父兄，不能以移子弟。」的下文，因此當「氣勢」解，頗有難通之處。唐李德裕即用此義，其〈文章論〉云：

> 魏文典論稱：文以氣為主，氣之清濁有體。斯言盡之矣。然氣不可以不貫，不貫則雖有英辭麗藻及編珠綴玉，不得為全璞之寶矣。

李氏此說，受到劉勰及韓愈的影響而不自知，又以劉、韓二人的說法解釋曹丕，以後律前而不自覺。近人羅根澤說曹丕的氣，當然來自《孟子》，這種說法未必正確，前文已辨之甚詳。又說：

> 文氣是最自然的音律，音律是最具體的文氣，所以曾丕論文氣，而斤斤於「氣之清濁」。〔註16〕

羅氏將音律釋為「氣之清濁」，固然比較具體，但「清濁」之義，若指音律，無論是聲母的清濁或韻的清濁，都是音韻成熟時代始克有之，曹丕的時代，

〔註16〕《中國文學批評史》，羅根澤，頁188，龍泉書屋。

佛經初傳東土，轉唱之說未倡，聲律之學不分，遑論運用到文學上。呂靜《韻集》以五聲分部，也沒有清濁的分別。至於《淮南子・地形訓》云：

> 輕土多利，重土多遲；清水音小，濁水音大。

《漢書・地理志》云：

> 剛柔緩急，聲音不同，繫水土之風氣。

《顏氏家訓・音辭》篇云：

> 南方水土和柔，其音清舉而切詣，失在浮淺；北方山川深厚，其音
> 沈濁而鈋鈍，得其質直。

因此可知在曹丕之前《淮南子》所說的「清濁」是指方言殊俗，語音有別，是語言習慣的緣故，不涉及文學。何況語言本是學習而成，何以不能力強而致？父兄本是一家，語言習慣，發音清濁，必然同於方音，何以不能以傳子弟？這些都是羅氏難以圓融其說的。所以，音律的解釋所犯的錯誤和氣勢說相同，都是不自覺的以後出的說法去解釋前人的觀念，雖可說得深入些，然恐非平實之論。當然，不必排除曹丕的氣說可能隱伏有諸說因子的可能，然而，必須確定在當時的背景之下，氣義發展流變——內因的分析——縱的坐標，與當時各項學術發展——外緣的審察——橫的坐標，兩坐標相交的點，即是最可能的解釋，下文輒嘗試加以析論。

　　「文以氣為主」觀念的提出，實為曹丕意識到文學本源、核心的問題。為主的「主」，許多人都忽略了它的涵義，逕解釋為「主要」「重要」，其實文章「氣勢」「音律」固然重要，內容、情感、想像又何嘗不重要？因之，此類解釋的不夠周延是顯而易見的。「主」字的意義應解釋為「根源」「本源」。文學正如同宇宙間萬事萬物一樣，是宇宙原理透過個人的生命來表現的，個人的「生命之氣」和「宇宙之氣」是根柢相連的，在當時的思想背景下，曹丕使用氣字，自然能意識到這一點。這個觀念的提出，才是文學自覺的開始，為文學找到最後的根據，文學創作才有它形上的理論基礎，它可以解釋作品與作者及宇宙內在的關連，也可以說明何以《文心雕龍》的文學思想是「原道」——原於自然之道，鍾嶸詩品序的「氣之動物，物之感人，故搖蕩性情，形諸舞詠。」以宇宙與個人生命的相激相蕩為文學之濫觴。較諸歷來的「言志」「言情」「言意」的說法高了一個層次，也更為深入而充份。使文學的本質根源問題得以徹底明瞭。近人徐復觀亦有類似的看法：

> 「文以氣為主」是說文章的體貌，乃由作者的生理地生命力所決

　　定。〔註17〕

將「氣」訓為「血氣」，指作者生理地生命力，是有見於先秦的氣義，而忽略了曹丕所處的時代，氣已具有更深廣的義涵。而且文章的體貌，是否單純得只憑血氣──生理地生命力即可決定一切，似乎仍有商榷的餘地。不過，徐氏的說法，已隱然看出前人解釋的不妥，而直接就氣義自身去找尋答案，姑不論其說是否圓滿，其思索的方向大致是不錯的。如果回顧前文，就可知道劉邵《人物志》所云「凡有血氣者，莫不含元一以為質，秉陰陽以立性，體五行而著形。」「元一」即「本元之氣」或稱「元氣」，正可作為曹丕的腳註。元氣是自然最普遍的元質，為宇宙萬物所共有。但是普遍的元質，何以可致人的生命與文章風格各殊？其間必有若干發用的層次。至於它的發用，必然要討論到各人秉氣質性的不同而後止，兼及形體有五行的差異，感於宇宙萬物，而為情性之所本，於是文學上的表現理論，注意到作者各人的情性，直到曹丕此說才得到發展〔註18〕，文學所以呈現各殊的體貌風格，萬般的姿態，才得到合理的解釋，文章的風格和各人生命所呈現的風格緊密相連，並以各人的生命為依歸，到此，傳統「人文合一」的說法才有具體真實的內容。

五、

　　「氣之清濁有體，不可力強而致。」雖然也同用一個「氣」字，並且承上文而來，細味之，是有一間之別，但是兩者都根源於質性之氣則一致。所以，仍可通過上述對「氣」的理解而瞭然。各人的氣稟不同，陰陽有別，剛柔、清濁各異，都是質性的本來面目，這些差異，是屬於先天的，無法經由後天的人事彌補，只能順其已具的質性開發，而無法改變。王充也說過「性成命定」的話〔註19〕，其間的界限是人力無法逾越，後天的努力所無可奈何的。「文以氣為主」的氣屬於元氣本身，而清濁之氣是對元氣的發用而言。換言之，清濁之氣是分析的說法，元氣是存在的說法，稱生命力是活動的說法，

〔註17〕　《中國文學論集》，徐復觀著，〈中國文學中的氣的問題〉，頁300，學生書局。
〔註18〕　《中國文學理論》，劉若愚著，杜國清譯，第三章，〈決定理論與表現理論〉，頁141，聯經出版社。
〔註19〕　《論衡》，漢，王充著，〈無形〉篇「用氣為性，性成命定」商務印書館，四部叢刊。

在從事文學、音樂、書法、繪畫等藝術活動時，所凝聚在活動過程中的生命力，就是清濁有別的「才氣」，才氣視而不見，沒有定準，也不可捉摸，必須透過藝術創作的活動來發現它，品鑒它。從這裏也可以說明何以早期品藻藝文所用的詞彙，都是由人物品鑒的詞彙或觀念轉用的原因〔註 20〕。何以歷代批評家如此重視「人文合一」的指證，此一觀點對後來的文學批評影響深遠，成爲傳統批評重要的特色，和西方自始即側重作品本身分析的批評觀點，形成頗不相同的兩個傳統。

　　當我們指出清濁之氣是屬於才性之氣時，曹丕確也注意到作品風格和作者才性之間相關，論文中指出「文非一體，鮮能備善」「四科不同，唯通才能備其體」就是證明。前面說過才性雖根源於質性之氣，其實內容並不完全相同，因爲表現在藝術創作上的「才氣」，必然兼涵了作者後天的學習、生活、環境等諸多因素的融合，均調統一，貫注於創作而不可分割。固然我們仍承認質性之氣居於決定性的地位，然也毋須排除後天的因素。如此，則可進一步闡明何以後天的學習雖有客觀統一的對象，訓練的方式也相同，仍無法達到一致的效果的原因，同時這也是作品風格因人而異最根本的原因。曹丕即曾以音樂作爲譬喻，冀能更深入的去剖析才性在藝術創作活動中所展現的性格，當一切客觀條件相同——曲度雖均，節奏同檢，即旋律、節奏及強弱皆一定的情況下，由於演出者的才性不同，導致引氣不齊，巧拙有素的不同結果，是可以想見的。「引氣」的「氣」雖然不必逕解作才性，它的意義毋寧是較接近「物理學上的音量或音調」，或者是指「音色」而言，然而引氣所以不齊的根本原因，乃基於才氣各殊，則是可以理解的。人的氣稟不同，各有限械，不僅如此，在創作活動，中涉及才質的經驗，個中的奧妙，也無法將它形成客觀的知識，用來傳授他人，所以曹丕說「雖在父兄，不能以移子弟。」這個觀點也許可以追溯到《莊子・天道》篇的一則寓言：

> 桓公讀書於堂上，輪扁斵輪於堂下，釋椎鑿而上，問桓公曰：「敢問公之所讀者何言邪？」公曰：「聖人之言也。」曰：「聖人在乎？」公曰：「已死矣！」曰：「然則君之所讀者，古人之糟魄已夫！」桓公曰：「寡人讀書，輪人安得議乎！有說則可，爲說則死！」輪扁曰：「臣也以臣之事觀之。斵輪，徐則甘而不固，疾則苦而不入，不徐不疾，得之於手而應於心，口不能言，有數存焉於其間。臣不能以

〔註20〕同註17，《中國文學論集》〈文心雕龍的文體論〉，頁 14。

喻臣之子，臣之子亦不能受之於臣，是以行年七十而老斲輪。古之
人與其不可傳也死矣，然則君之所讀者，古人之糟魄已夫！」
〈天道〉所說的「數」和曹丕所說的「才」，頗相類似，同樣具有「雖在父兄，
不能以移子弟。」的性格，我們固然不必強指曹丕是根據《莊子》書的說法，
但兩者都意識到在人的經驗中，有著不能「授受」的成份存在，是可予確定
的。〈天道〉篇的本義是指「意之精者，不可言致」，若據引文來析論，輪扁
之所以能達到得之於手而應於心的境界，無可否認的，是他的才氣施諸累積
了數十年經驗的結果，後學者無論缺少了任一項因素，在技巧的施用時，都
將無法體會其中的奧妙。至於曹丕所言的才氣，是否有相同的內容，則並未
見到進一步的闡明。不過，我們可以嘗試著推論。曹丕對作品風格和作者才
性關係的論述，實跟當時所流行人物品鑒的觀點十分吻合，其實，劉劭《人
物志》對才性的論述並非獨家的見解，還有其他的人也持相同的看法，是當
時彌漫的思想風氣，可以代表相當數量人士的見解。應璩嘗云：「人才不能備，
各有偏短長。」〔註21〕嵇康〈明膽論〉云：「夫元氣陶鑠，眾生稟焉，賦受有
多少，故才性有昏明，唯至人特鍾純美，兼用內外，無不畢備，降此以往，
蓋闕如也。」〔註22〕二人的話即是最好的說明。同時，《隋書・經籍志》〈子
部・名家類〉著錄有曹丕「士操」一卷〔註23〕。目錄與劉劭《人物志》並列，
書已亡佚，但可以推想它的內容，與《人物志》必相近似，也有人則逕認定
爲是品第人物〔註24〕。因此，曹丕對才性應有充份的了解。然而，畢竟在現
存曹丕的文集中，他對才性的見解，亦僅有這些片斷而已。又學者以曹丕過
份強調才性和風格的絕對關係，難免落入「材質主義的命定主義」或「徹底
的天才論」的解釋，以爲曹丕有意忽略後天的經驗背景，或者是在創作過程
中所涵有其他後天因素介入的可能性，此說是否符合曹丕論文的原意，就端
看對於才性如何作合理的解釋。

六、

曹丕論文乃針對當時七子作實際批評。當評論時，除指出王粲長於辭賦，

〔註21〕《應休璉集》，明，張溥編，《漢魏六朝百三名家集》，冊四，應璩〈百一詩〉，
頁 200。

〔註22〕〈明膽論〉，嵇康，清嚴可均輯，《全三國文》卷五十，頁 1335，中文。

〔註23〕同註 13，頁 83，註 20，王夢鷗以爲「士操」當爲「士品」。

〔註24〕同註 13，頁 77。

陳琳、阮瑀長於章表書記之外，其餘四子均就各人的文章，籠統的作概括性評述，以這種整全的方式評論，絕不可能只單就修辭、音律、造句等的片面技巧而評估，而是屬於美學的總體印象批評。因此所用的評語也是屬於美學的描述性語言，而不是分析性語言〔註25〕。我們可以從文中「徐幹時有齊氣」「應瑒和而不壯」「劉楨壯而不密」「孔融體氣高妙」的評語得到印證。前文已提過，此乃沿襲東漢以降人物品鑒詞彙的結果，再徵諸曹丕的〈與吳質書〉，曹植的〈與楊德祖書〉都是以作者為評論的核心，可以瞭解作者的氣稟不同，表現在文章上的風格也迥異。基於此，可以得知，曹丕評孔融的「體氣高妙」，評徐幹的「時有齊氣」，及〈與吳質書〉評劉楨的「有逸氣」，評語所用的「高妙」「齊」「逸」是兼涵人與文的特質的。在討論「文以氣為主」時說過，作者情性底蘊的發現，遂重視作者個性各殊的情形，所謂「隨著文學的表現理論的到來，風格遂被看成是由作者個人的本性所決定，風格就是作者個性的表現。」〔註26〕也就是這個意思。

　　談到風格（Style），根據姚一葦的定義是：一個時代的一般性或社會意識與一個藝術家的特殊性、或個人意識，透過藝術品的形式與品質而形成的那一藝術家的世界〔註27〕。風格是整體的呈現，是全面的說法，其性質約涵有三大端：一、作品的形式。二、作品的內容。三、作品所屬風格的高低優劣。所謂作品的形式，是純以外在形式為主，如體裁，文類，像曹丕所分的四科八類。作品的內容較複雜，禾爾克特（J. Wolkelt）曾自心理的美學基礎討論這一主題，他區分作品內容風格的概念為三：一是歷史的風格，其實，所謂的歷史的風格，除了時間的因素之外，也已概括了地理的空間因素在內。二是個人的風格，純就個人的才、氣、學、習所賦予作品的各殊面貌。雖說是個人風格，並非一成不變，或有固定不移的形象，它常隨著個人的成長，寫作時期的更迭而表現不同的形象，例如將作品區分為少壯時期、成熟期……等。三是作品自身所浮現的性格，如劉勰《文心雕龍‧體性》篇所謂的八體，都屬是。所謂作品所屬風格的高低，優劣，是自價值基準所作的論斷，如鍾嶸的分上、中、下三品，王國維境界的隔與不隔等。

〔註25〕同註9，第五章，〈客觀的人性論之極限與魏晉人之重個性及個性完成之道〉，頁142～143。

〔註26〕同註18。

〔註27〕《藝術的奧秘》，姚一葦著，第十章，〈論風格〉，頁279，開明出版社，以下禾爾克特之說亦據此引。

　　對風格有了以上的認識，就可以分析曹丕論文的「奏議宜雅，書論宜理，銘誄尚實，詩賦欲麗」所分的四科八類是屬於作品的形式，當時稱為文類，後來稱為文體或體裁。所以能區分成若干文類，是基於對歷來留傳豐富的作品，作一整理與反省，其中實已包含了同類文章的歷史因素，及此同類文章所浮顯的共同性格。無論是奏議、書論、銘誄、詩賦，自先秦以下經兩漢到魏，歷史的軌跡是很明顯的，如賦的形成，更涵有強烈的地域色彩。至於作品共同浮顯的性格——雅、理、實、麗，也許揉雜有曹丕個人主觀的冀求，但是他的主觀是有上述客觀條件作為依據的，結合了諸多的因素與形成的條件，我們對於「文非一體，鮮能備善」「唯通才能備其體」的「體」字的實質內容才有透徹的瞭解，是包含了形式與內容的統一，若偏指任何一方，恐皆非持平之論。

　　文體的風格論述，因為曹丕並沒有使用氣字來形容它，因此，在此只作扼要的說明，有關個人風格的齊氣、體氣、逸氣，才是下文所要討論的重點。

　　曹丕評徐幹有齊氣，「齊氣」一詞，歷代說法紛紜，唐人李善注解說：

> 言齊俗文體舒緩，而徐幹亦有斯累。《漢書·地理志》曰：故齊詩曰：
> 子之還兮，遭我乎猺之間兮。此亦舒緩之體也。〔註28〕

李善注所謂「齊俗文體舒緩」，根據注文了解，就是齊地文章的面貌呈現舒緩的風格。而形成風格的因素萬端，齊俗文體所以舒緩的原隊何在？近人許文雨在《文論講疏》中云：

> 按齊詩各句用「兮」字為稽留語，此舒緩之證。〔註29〕

依許氏的說法是齊詩多用「兮」字為語氣詞，但是《詩·齊風》有部份篇章如雞鳴、東方未明、著、南山、盧令、敝笱、載驅不用「兮」字，即使用兮字的篇章，也不止於〈齊風〉，國風中所在多有，南方的《楚辭》更是有力的反證。由此可知，用兮作稽留語，作語氣詞，並非齊地所獨專。倒是齊魯兩地相連，語氣詞多有二字連用，而為他處少見者，如齊風著篇之「乎而」連用，《論語》中多有「乎哉」「乎爾」的語氣詞。《春秋》經傳中唯經與《公羊傳》將「邾」析成「邾婁」二音。《論語》的流傳，向來有《齊論》、《魯論》之分，《春秋》經是聖人親手筆削，《公羊傳》是齊學，這些語音現象為他處

〔註28〕《增補六臣注文選》，卷五十二，頁964，漢京出版社。
〔註29〕《文論講疏》，許文雨，頁19，正中書局。

鮮見者。因此，我們或許可以承認李善注所指的「齊俗文體舒緩」是有其根
據的。但是細審徐幹的文章流傳至今者〔註30〕，除兮字外並無像前述所說將
兩個語氣詞連用的句子，而且《文心雕龍·哀弔》篇又云：

> 建安哀辭，惟偉長差善，行女一篇，時有惻怛。及潘岳繼作，實鍾
> 其美，觀其慮贍辭變，情洞悲苦，敘事如傳，結言摹詩，促節四言，
> 鮮有緩句，故能義直而文婉，體舊而趣新。

「鮮有緩句」雖不全是指徐幹，但建安哀辭，惟偉長差善，料在作法及風格
上和潘岳定相去不遠，必也是同樣具有「促節四言、鮮有緩句」故能義直而
文婉。此處雖止有哀辭，然遍覽今所見徐幹所有的詩文篇章，寫作的習慣大
抵上是有一致性的，所以李善說的「徐幹亦有斯累」，則恐怕未必然。重要的
是，齊氣的內容難道就只表現在語氣詞上嗎？明朝胡侍的《眞珠船》也討論
這個問題，其文云：

> 魏文帝典論論文云：「徐幹時有齊氣」。李善註：「言齊俗文體舒緩，
> 而徐幹亦有斯累。」按《漢書·地理志》，齊詩「子之旋兮，遭我乎
> 猺之間兮。」又曰「竢我於著乎而」此亦其舒緩之體。又云：「齊至
> 今，其士舒緩闊達而足智。」〈朱博傳〉：「博遷瑯琊，齊部舒緩。博
> 奮髯抵几曰：觀齊兒欲以爲俗耶？」《寰宇記》「齊州人志氣緩慢。」
> 是則齊俗自來舒緩，故文體亦然。〔註31〕

胡氏雖然也繼承了語氣舒緩的說法，但並非構成舒緩文體的唯一因素，他同
時也將人的因素考慮在內，「齊至今其士舒緩」「齊州人志緩慢」明顯的是指
人的因素。至於齊人志氣如何舒緩不得而知，但可以確定的是與文體雖無邏
輯上必然的關係，但也有一定程度的牽連。因此，齊氣的解釋不能一直落在
語氣上打轉。近人有疑齊字乃筆誤字，將「齊」改作「高」〔註32〕，也有人
在訓詁上疏通，認爲「齊」「齋」通用〔註33〕。兩者都有所據，也都把握到「齊
氣」當從形成風格的內容上來探討，不應只是從語言上的用法來索解，確能
超出前人的藩籬，搔著癢處。不過，我們對改字或通假的解釋方式是否能符
合曹丕論文的原意，仍感未安〔註34〕。

〔註30〕《全後漢文》，清·嚴可均輯，卷九十三，頁975～976，徐幹部份，中文。
〔註31〕《中國文學批評史》，郭紹虞著，頁77引，泰盛。
〔註32〕《國文月刊》，六十三期，〈魏文帝典論論文齊氣解〉，范寧，頁23～25。
〔註33〕同註13，頁75。
〔註34〕王夢鷗以爲齊氣通段爲「齋氣」，然《文心雕龍·樂府》篇有「投齊楚之氣」

前文嘗分析形成風格內容的成因中，包括歷史的因素，今試從這個角度來探討齊氣的解釋方向，齊地的學風是有悠遠傳統的，《左傳》襄公二十九年，吳公子季札來聘，請觀於周樂：

> 為之歌齊！（季札）曰：美哉，泱泱乎。

雖指的是樂，但《左傳》時代，詩樂一體，〈齊風〉的風格當如季札所云，大抵不誣。《史記‧儒林傳》云：

> 夫齊魯之間於文學，自古以來，其天性也。

《漢書‧地理志》說齊地云：

> 至今其士多好經術，矜功名，舒緩闊達而足智。

齊學的傳統也含有經學的傳統，徐幹《中論》正是這個傳統的典型〔註35〕。曹丕〈與吳質書〉云：

> 而偉長獨懷文抱質，恬淡寡欲，有箕山之志，可謂彬彬君子者矣。

> 著中論二十餘篇，成一家之言，辭義典雅。

謝靈運〈擬魏太子鄴中集詩序〉稱徐幹：

> 少無宦情，有箕潁之心事，故致仕多素辭。

辭義典雅雖指的是《中論》，然其人澹然自守，懷文抱質！這種氣質及經學傳統，也一定對他的辭賦有深遠的影響，在他的〈西征賦〉中：

> 伊吾儕之挺力，獲載筆而從師，無嘉謀以云補，徒荷祿而蒙私，非小人之所幸，雖身安而心違。

〈序征賦〉：

> 余因茲以從邁兮，聊聘目乎所經，觀庶士之繆殊，察風流之濁清。

〈冠賦〉：

> 纖麗細纓，輕配蟬翼，尊曰元飾，貴為首服，君子敬慎，自強不忒。

〈車渠椀賦〉：

> 圓德應規，巽從易安，大小得宜，容如可觀。

以上所舉諸賦片斷，皆可證實文質兼美的說法，洵然不假。因此，我們或許可以如此說：齊氣是含有齊地歷史、地理因素風格的總稱，其中必然也包括齊人語氣舒緩，齊人志緩的諸多因素的均調統一。徐幹是北海人，漢時析齊郡為北海郡，而曹丕特能讀出他文章能凸出齊地的傳統，稱徐幹的文章有齊

地的風格，確獨具隻眼。

　　曹丕稱孔融「體氣高妙，有過人者」即稱美其文章風格高妙，《文心雕龍・風骨》篇引劉楨的話說：

　　　　孔氏卓卓，信含異氣，筆墨之性，殆不可勝。

亦推崇孔融文章才氣過人，明朝張溥〈孔融題辭〉云：

　　　　家世聲華，曹氏不敵，其詩文益非操所敢望也……曹丕論文，首推
　　　　北海，金帛募錄，比於揚班。

孔融乃聖人之後，漢季推尊儒術，聖裔亟受禮遇，比於王侯，家世盛隆的情況，不必多論，就孔融本人的才華，也特出於當代，《後漢書》本傳將他自小超穎之處，敘述得十分詳盡，並稱「孔融高氣」。張溥說孔融詩文非操所敢望，其實孔融的詩，除用思巧妙之外〔註 36〕，後世論者並以爲不如其文，尚不至於令操所不敢望，但是孔融的文章，則斷不是阿瞞所能及。劉勰《文心雕龍・章表》云：

　　　　至於文舉之薦彌衡，氣采飛揚……並表之英也。

宋蘇東坡也稱：

　　　　文舉以英偉冠世之資，師表海內，意所予奪，天下從之，此人中之
　　　　龍也。〔註37〕

　　總之，孔融的文章風格高妙，和他的家世、才華、志氣都是一致的，曹丕以金帛募錄他的文章，推崇他體氣高妙不是沒有道理的。不過，他附筆說孔融理不勝辭，則或有可能因爲立場不同，孔融之理非曹丕之理，因而看法有所偏差，恐未必是確切之論。

　　「逸氣」是曹丕〈與吳質書〉中形容劉楨的詩文風格，郭紹虞認爲逸氣是才氣兼指語氣〔註 38〕，誠不知所指爲何種語氣？風格可能概括才氣、語氣。但是兩者單獨析出都不能獨立構成風格。逸字有超越恆常的意思，也有迅疾的意思，劉楨可能兩者都兼有之，《文選》謝靈運〈擬魏太子鄴中集詩序〉云：

　　　　劉禎卓犖偏人，而文最有氣，所得頗經奇。

《文心雕龍・體性》篇云：

〔註36〕孔融有〈離合詩〉，爲此體首創，文字佈置巧妙，見葉夢得《石林詩話》，卷
　　　　中引。
〔註37〕《蘇東坡全集》河洛圖書出版社，〈孔北海贊一首并敘〉，頁 275。
〔註38〕同註 13，頁 77。

公幹氣褊，故言壯而情駭。

鍾嶸《詩品》將劉楨列於上品，並頗致推崇之意：

> 其源出於古詩。仗氣愛奇，動多振絕，真骨凌霜，高風跨俗。但氣
> 過其文，雕潤恨少。然自陳思以下，楨稱獨步。

《太平御覽》385 引〈文士傳〉云：

> 劉楨辭氣鋒烈，莫有折者。

觀謝靈運、劉勰二人對劉楨的評述，都是以前段「卓犖偏人」「氣褊」論其人，後段的「文最有氣」「言壯而情駭」論其文，所以連接詞用涵有因果關係的「而」「故」來剖析兩者的關連。鍾嶸稱其「仗氣愛奇，動多振絕，真骨凌霜，高風跨俗」是形容其文超邁羣倫，所以說曹植以下，楨稱獨步。但是說「氣過其文，雕潤恨少」和《御覽》的引文所說的「辭氣鋒烈」，或許就是劉楨仗氣，下筆迅速，鮮少修飾，所以辭鋒激烈，而構成個人獨有的風格。諸家評語雖非盡同，要在說出他詩文的風格而已。郭紹虞以語勢解氣字，則止得修辭技巧的一端，或許賅在風格的說法較能涵蓋全面。

七、

本文所論，看似紛紜多端，但是只要把握住曹丕所處時代的思想、學術背景，及認識氣的流動、變化的本質，就不難有清晰的輪廓。縱觀「氣」在論文一篇之作用，乃貫穿在宇宙、作者及作品之間，「文以氣為主」揭示文學之形上根據；「清濁之氣」說明了作品個性差異的原因，同時也解釋了文體形成所含的複雜因素；氣在作品裏綜合的顯現，即是現在所稱的「風格」。化約的說，宇宙賦予作者氣稟，作者感於自然之氣，而創作生焉，作品表現作者個性也呈現宇宙的原理，三者交互貫通，氣於是有不同的形象。讀者經由作品的鑑賞，可見其風格所在，進而想見其為人，有感於宇宙原理的普遍性，此乃氣在曹丕論文中所呈現的性格。